# PRINCIPES
## *DE TOUT*
# GOUVERNEMENT.

TOME SECOND.

# PRINCIPES
## *DE TOUT*
# GOUVERNEMENT,
## OU
## *EXAMEN DES CAUSES*
*de la ſplendeur ou de la foibleſſe de tout État conſidéré en lui-même, & indépendamment des mœurs.*

TOME SECOND.

A PARIS,

Chez J. TH. HERISSANT Fils, Libraire, rue S. Jacques, à S. Paul & à S. Hilaire.

M. DCC. LXVI.

*Avec Approbation & Privilège du Roi.*

# PRINCIPES DE TOUT GOUVERNEMENT.

## CHAPITRE SIXIEME.

*Du Commerce intérieur.*

### ARTICLE PREMIER.

*Nécessité du Commerce & son effet direct.*

POUR qu'il puisse s'établir dans l'intérieur d'un Etat un Commerce proprement dit ; pour que les Commerçans en viennent à y former une classe particuliere, il faut que ses diverses Provinces ne produisent pas les mêmes den-

CHAP. VI.

rées ou marchandiſes ; ou que ſes différentes contrées ne ſoient pas peuplées proportionnellement à leur fécondité. Ces deux choſes ſuppoſent également un Etat étendu, & la derniere, un Gouvernement établi depuis longues années.

Le commerce n'a pu devenir étendu qu'après l'établiſſement des monnoies.

Dans un Etat iſolé & naiſſant, le commerce ſe borneroit longtemps à l'échange que le Cultivateur feroit lui-même de ſon excédent de denrées, contre les outils & autres choſes néceſſaires qu'il tireroit de l'Ouvrier. Ce n'eſt qu'après l'établiſſement des monnoies, que le commerce a pu prendre quelqu'étendue & une forme un peu fixe. Il eſt aiſé de comprendre combien ſans les monnoies les échanges ſe trouveroient incertains, difficiles & bornés; & combien d'ailleurs les monnoies facilitent le tranſport des valeurs & l'amas des richeſſes.

Il ſeroit ſuperflu de détailler ici les embarras que le commerce a dû rencontrer dans les premiers inſtans, & de le ſuivre dans les différens états ſucceſſifs par où il a dû paſſer pour parvenir au point où nous le voyons. Nous allons, en le ſuppoſant établi tel qu'il eſt parmi nous, pour ce qui concerne l'intérieur de l'Etat, chercher la nature & l'étendue de ſes effets.

Définition & effet direct du commerce.

Le commerce eſt un mouvement & une conſervation de denrées ou marchandiſes, qui tendent à établir dans tous les lieux & dans tous les temps une égale proportion entre la maſſe de ces denrées & le nombre des Habitans conſommateurs.

C'eſt par le commerce que les pauvres Citoyens ont leurs ſubſiſtances aſſurées

En ſerrant les denrées dans les années d'abondance, pour les ſortir dans les années de diſette, ou de moins de fécondité, le

Commerçant assure le sort & la vie même du Citoyen : & par l'exportation & l'importation réciproques & continuelles qu'il établit entre toutes les parties de l'Etat, il met chaque contrée à même de tirer plus d'avantages de ses terres, en ne leur faisant porter que l'espéce de denrées auxquelles elles sont les plus propres, & qu'elles produisent en plus grande abondance, ou avec plus de facilité. Multipliant par-tout le nombre des choses d'usage, il rend la vie plus délicieuse & plus active par l'émulation générale qui naît du desir de posséder les différentes sortes d'objets d'utilité ou de commodité, qu'il présente.

CHAP. VI. dans tous les temps.

## ARTICLE II.

### *Effet du Commerce sur l'agriculture.*

Le commerce fait augmenter la masse totale des denrées.

A ne considérer le Commerce que dans ses effets sur la partie des denrées, on voit que sans lui les terres prises en totalité, seroient d'un moindre produit, à travail égal; que le Colon seroit moins laborieux; & que la subsistance des Citoyens les moins riches, seroit beaucoup plus mal assurée.

Si, par exemple, la France étant isolée, la Guyenne & la Bourgogne ne faisoient pas passer leurs vins en Normandie, les Normands qui, malgré le commerce ouvert, ont encore planté des vignes, en auroient planté bien davantage, & les auroient provignées dans tout ce qu'ils auroient trouvé de terrein capable d'en porter, soit pour avoir des vins bons ou mauvais, soit pour avoir des eaux-de-vie.

D'un autre côté, les Habitans des deux autres Provinces, se trouvant trop de vin pour leur consommation, se verroient obligés d'arracher la vigne du terrein qui la demande, pour y semer du grain qui y viendroit mal.

Que seroit-ce si les Habitans des montagnes n'avoient pas un commerce très-étendu de leur bétail, & de ce que le bétail leur donne ? Ils seroient obligés de cultiver les terres qu'ils laissent en pâturage. Ils en retireroient à peine les frais de culture, & la perte qu'ils en souffriroient, seroit immense.

On doit au commerce d'avoir par-tout des denrées de

Le commerce, en mettant chaque Province en état de ne cultiver dans son sol que les denrées auxquelles il eſt le plus propre, non-ſeulement donne plus d'abondance, mais fait encore que tout eſt d'une qualité beaucoup meilleure. Quand les vignes qu'on pourroit planter en Normandie donneroient autant de vin que celles qui ſont en Bourgogne, celui de cette derniere Province étant beaucoup meilleur, il eſt intéreſſant, à conſidérer les deux Provinces enſemble, que les vignes ſoient en Bourgogne, & les champs en Normandie. On peut faire le même raiſonnement ſur toutes les denrées qui ſont un objet de commerce.

CHAP. VI. la meilleure qualité poſſible.

Si les denrées ne prennent pas la même qualité dans tous les ſols, les animaux deviennent auſſi meilleurs ou plus chetifs dans un pays, que dans un autre. On ne peut pas le voir plus diſtinctement que dans l'eſpéce des che-

Exemple des effets du commerce pris ſur l'eſpéce des chevaux.

vaux. Il eſt très-avantageux que les Provinces, où ils deviennent vigoureux, multiplient les leurs, pour en faire commerce avec celles où leur eſpéce ne vient pas ſi belle. Ces dernieres ſe trouvant par-là déchargées du ſoin d'élever des chevaux, emploient leur terres à quelque choſe de plus convenable à leur qualité.

Si chaque Province étoit obligée de tirer de ſon ſol toutes les différentes choſes dont elle ſe ſert, tout ſeroit dans le déſordre. Si elle étoit obligée de ſe contenter des ſeules productions auxquelles ſon ſol eſt propre, tout languiroit.

Les avantages que l'on voit naître du commerce de Province à Province, ſe trouvent à-peu-près les mêmes dans celui qui ſe fait entre les Royaumes différens.

## ARTICLE III.

### *Effet du commerce ſur les objets manufacturés, & ſur le ſort de l'Ouvrier.*

Le commerce aſſure le ſort de l'Ouvrier.

A conſidérer le commerce dans ſes effets ſur les objets manufacturés, on voit qu'il eſt encore plus néceſſaire à la conſervation & au bien de l'Ouvrier, qu'à celui du Cultivateur. Il y a plus de différence entre les talens des hommes, qu'entre les qualités des différentes terres. Si c'eſt par le commerce que nous ſommes à même de ne faire porter à chacune d'elles que la denrée à laquelle elle eſt le plus propre : c'eſt auſſi par le commerce qu'une profeſſion ſuffit à chaque Ouvrier, & que chaque homme peut ſe livrer tout entier à ſon talent.

CHAP. VI.

Que le commerce ſoit eſſentiel au bien de l'Ouvrier, c'eſt ce dont il eſt facile de ſe convaincre.

Dangers auxquels les Ouvriers ſeroient expoſés ſans le commerce.

Qu'on ſuppoſe chaque Ouvrier obligé de vendre journellement pour lui-même les choſes qu'il aura travaillées, qu'il lui faille chercher ſans ceſſe des gens à qui elles conviennent, ou bien attendre paiſiblement les demandeurs : quels inconvéniens n'en naîtroient-il pas ? Un jour l'un ne pourroit rien vendre ; l'autre ne pourroit ſuffire aux demandes. Par les combinaiſons du hazard, une partie d'entr'eux regorgeroit d'ouvrage pendant pluſieurs mois : l'autre toujours malheureuſe, ne pourroit pas trouver à vendre aſſez pour ſubſiſter. Le prix de toute main-d'œuvre varieroit à tout moment & à chaque pas, & cette variation ſeroit pour le moins auſſi dommageable aux acheteurs, qu'aux vendeurs.

Mais le commerce une fois établi, le ſalaire de l'Ouvrier devient à peu de choſe près fixe & aſſuré, s'il travaille. Le danger de manquer ne le menace plus; il eſt ſans inquiétude.

Dans chaque Profeſſion, on peut conſidérer les Maîtres comme des eſpéces de Commerçans.

Les Maîtres des différentes profeſſions, quelles qu'elles ſoient, conſidérés par rapport à leurs Ouvriers, ſont de vrais Commerçans. Ils achetent à un prix fixe le produit journalier de la main-d'œuvre de ceux qui travaillent ſous eux, pour revendre à profit au Public.

C'eſt viſiblement au commerce que nous devons tous les arts qui ont pour objet la conſervation ou la

On ne peut douter que ce ne ſoit au commerce que nous devons tous les arts qui ſervent à préparer les diverſes marchandiſes, à leur donner plus de lu-

CHAP. VI.

préparation des marchandises & denrées.

ſtre, à les rendre plus durables & plus propres aux uſages que nous en faiſons. On verra toujours ces arts croître, ſe perfectionner, tomber ou proſpérer avec lui.

En général, plus une marchandiſe a exigé de main-d'œuvre, moins ſa conſommation eſt univerſelle, indiſpenſable & journaliere, plus le commerce eſt néceſſaire pour la ſoutenir & pour la multiplier. Il eſt des choſes dont le travail demande le concours d'une quantité d'Ouvriers de différentes ſortes, dont le débit eſt difficile, parcequ'elles ne ſont pas néceſſaires, & qu'étant très-cheres, elles conviennent à peu de monde. Il eſt viſible que ſans le commerce elles n'exiſteroient pas. Comment ſans lui tant d'Ouvriers ſe raſſembleroient-ils?

Comment s'accorderoient-ils à travailler à des choſes dont on ne verroit le débit que dans l'éloignement ?

## Article IV.

### *Effets du Commerce conſidéré généralement.*

Le commerce rend plus fixe le prix de toutes choſes, & rend conſéquemment le ſort de chaque Particulier plus aſſuré.

Le Commerce ayant pour objet de proportionner dans tous les temps la quantité de toutes les choſes uſuelles au nombre des Conſommateurs dont chaque lieu eſt habité, doit avoir pour effet direct de rendre par-tout plus uniforme & plus fixe le prix de toutes les marchandiſes. Cette fixation de prix eſt d'un avantage immenſe, en ce qu'elle rend plus ſtable le ſort de chaque Citoyen.

Variation journaliere du prix de toute choſe, s'il n'y avoit pas de Commerçans proprement dits.

Quelle variation n'y auroit-il pas dans le prix des denrées qui ſe vendroient dans nos grandes Villes, s'il n'y avoit pas des Commerçans proprement dits qui s'occupaſſent à les approviſionner, &

qui tinſſent toujours des magaſins ouverts ? Les Cultivateurs n'ayant rien pour ſe régler, ſe trouvant toujours conduits par le hazard, tantôt arriveroient de tous côtés dans les marchés, & y apporteroient tout-à-la-fois une quantité de denrées de beaucoup ſupérieure aux demandes journalieres, ce qui feroit tomber ces denrées au plus bas prix ; tantôt, dégoûtés de la difficulté de vendre & du peu que leurs peines leur auroient produit, ils laiſſeroient les Villes dépourvues, & les denrées s'y trouveroient exhorbitamment cheres. Tout ſeroit toujours incertain. Chacun ſeroit dans la néceſſité de chercher à faire ſon magaſin particulier. La plupart des hommes n'en ont pas le moyen : nul n'en auroit la facilité.

Quelle variation encore dans

CHAP. VI.

Variation annuelle du prix de toute denrée, s'il n'y oit pas de Commerçans proprement dits.

le prix des denrées, s'il n'y avoit pas des gens qui en amassassent dans les années d'abondance, pour les revendre dans les années stériles? Qu'on en juge par le prix des vins qui varient encore si fort, malgré la quantité extrême de cette denrée qu'il y a toujours en réserve chez presque tous les Particuliers, dans les Pays de vignobles, & ailleurs, chez ceux qui commercent en cette partie. Leur prix va-riroit hors de toute mesure sans le commerce. Quel mouvement n'en résulteroit-il pas, soit par l'extrême incertitude de l'état du Vigneron, soit par la vicissitude continuelle de privation & d'abondance que les gens peu aisés éprouveroient sur cet utile breuvage?

Il faut remarquer que tous ceux qui, dans les années d'abondance, ce, gardent les denrées de leur crû, pour les vendre plus chérement dans d'autres temps, considérés sous ce point du vue, sont de vrais Commerçans.

Le commerce, en diminuant l'inégalité du prix d'une même denrée dans les différens lieux, augmente sa valeur dans le lieu d'où il la tire, & la diminue dans celui où il la porte. Par-là il engage le Cultivateur à travailler davantage, en lui faisant retirer plus de profit de son labour; & il aide à vivre celui qui achete, en lui procurant les choses à meilleur marché.

Le commerce intérieur semble être aussi utile aux hommes, que l'agriculture elle-même.

Si l'on fait attention à l'étendue des avantages divers que le commerce procure, on trouvera qu'il n'est guère moins essentiel à un Etat, que l'agriculture. Si par cette derniere, les hommes s'assurent leur subsistance : s'ils se la procurent plus abondante & plus délicate, le commerce a tous les mêmes effets. Si celui-ci semble supposer l'agriculture préexistante, & l'avoir pour base, en ce qu'elle lui fournit les matieres premieres sur lesquelles il opére : aussi faute de débouché & d'encouragement, l'agriculture n'iroit-elle pas loin, si le commerce ne la soutenoit, en préparant & en assurant le débit des matieres premieres qu'elle donne.

L'utilité du commerce intérieur a toujours été respectée par les Philosophes mêmes.

L'utilité du commerce intérieur est si évidente, que personne ne l'a jamais attaquée. On ne manque pas de Philosophes qui regardent comme problématique que l'agriculture soit aux hommes d'une véritable utilité. Plusieurs même soutiennent la négative sur cette question : on lui reproche de nous avoir asservis,

On voit des personnes très-recommandables par leurs lumieres, regarder tout commerce extérieur comme dommageable, comme étant en lui-même un luxe pur, & comme étant destructeur dans ses effets. Mais je ne sçache pas qu'il y ait jamais eu personne qui ait hésité à reconnoître l'extrême utilité du commerce intérieur.

Le commerce est à sa perfection, lorsque le prix de toute chose est bien fixé, suivant les temps & les lieux.

La mesure exacte de la perfection du commerce, c'est le plus ou le moins de variation qui se trouve dans le prix des choses, eu égard au temps & aux lieux. Plus il y a de variations dans leur prix, plus le commerce est imparfait.

Premiere régle pour juger de la perfection du commerce.

Tant que, suivant le taux actuel de l'argent, nous verrons les marchandises d'un débit journalier varier de prix, à la distance de cinquante lieues, de plus d'un ſol par livre, & de plus de trois pour cent de leur emplette, les péages & autres dépenſes extraordinaires prélevées, nous pouvons aſſurer que notre commerce eſt encore bien loin d'être bien établi, & auſſi avantageux qu'il le pourroit être.

Seconde régle pour juger de la perfection du commerce.

Tant que toutes les marchandiſes, qui ne ſont pas d'un débit journalier, varieront, à la même diſtance de cinquante lieues, de plus d'un ſol par livre, & de plus d'un huitieme ou tout au plus d'un dixieme pour cent de leur emplette, nous pouvons conclure ſur l'état du commerce d'une maniere auſſi peu favorable.

Il eſt à remarquer que, ſi on réuſſiſſoit à fixer le prix des marchandiſes de la maniere que nous venons d'indiquer, le taux de l'argent diminueroit, & mettroit nos Négocians à même de baiſſer l'intérêt qu'on vient de déterminer sur le prix de l'emplette, & de donner par-là quelqu'étendue de plus au commerce.

Plus le taux de l'argent est haut, plus le commerce a de peine à se perfectionner.

Le taux de l'argent influe beaucoup sur le commerce. Plus ce taux est haut, plus il faut que le Commerçant gagne sur ses mises; & plus conséquemment le prix des marchandises doit varier par la différence des temps.

## ARTICLE V.

### *La perfection du Commerce intérieur, est une des principales causes de la prospérité des Etats.*

La splendeur de tout Etat, dépend de la perfection de son commerce intérieur.

NUL Etat ne peut parvenir à sa plénitude de splendeur, ou, ce qui est la même chose, à sa plénitude de population, qu'autant que son commerce intérieur est parvenu à sa perfection & à sa plénitude d'étendue. Plus cette espéce de commerce se resserre & devient imparfait, plus l'Etat déchoit & devient foible.

Que l'on parcoure les différens âges de l'Histoire; qu'on se transporte dans tous les lieux de notre globe, on trouvera partout les faits d'accord avec ce principe.

Ce ne font pas les émigrations qui ont dépeuplé l'Espagne.

On regarde la découverte que les Espagnols firent du nouveau monde, & les richesses immenses qu'ils y trouverent, comme la cause de la désolation de leurs Provinces, & comme le principe de l'état d'affoiblissement où est tombée leur Monarchie. Nous en pensons de même : c'en est visiblement l'époque. Mais on veut que les émigrations d'Habitans, que cette découverte a occasionnées, en soient la cause immédiate : nous ne voyons rien de moins fondé.

Plus nous examinons la suite des opérations du Gouvernement Espagnol sur ces Pays de nouvelle découverte, plus nous calculons le nombre d'hommes transportés dans les Colonies de ces Royaumes, & celui de ceux qu'on a employés à ce transport & au commerce avec ces Colonies, moins nous trouvons, qu'eu égard à la totalité des Hábitans que l'Eſpagne avoit lors de leur découverte, ces opérations aient pu lui cauſer aucune dépopulation. En examinant l'état des poſſeſſions Eſpagnoles dans l'Amérique, on ſe confirme toujours de plus en plus dans l'opinion, que cette Puiſſance ne fit jamais de trop puiſſans efforts pour les peupler.

L'Angleterre n'a point ſouffert des émigrations, quoiqu'elle ait envoyé aux Colonies plus de monde que l'Eſpagne.

Que l'on compare ces opérations du Gouvernement d'Eſpagne avec celles que l'Angleterre a faites pour l'établiſſement de ſes Colonies d'outre mer, on verra que cette derniere Puiſſance y a fait paſſer beaucoup plus de monde, a employé bien plus d'hommes & de vaiſſeaux à leurs tranſports & au commerce qu'elle a fait avec ſes Colonies; on en voit la preuve, elles ſont de beaucoup plus nombreuſes en Habitans. Cependant

pendant l'Angleterre n'en eſt devenue que plus floriſſante par ſes exportations ; quoique dans le temps où elle les commença, elle ait eu incomparablement moins d'hommes que n'en avoit l'Eſpagne ſous Ferdinand & Iſabelle.

Quelque choſe qu'on puiſſe dire du peu de fécondité des femmes ſous un climat tel que celui de l'Eſpagne, & de ſes Colonies : quelque vice, tant phyſique que moral, qu'on veuille y trouver, il n'en eſt pas moins vrai que ce que cette Puiſſance a fourni en émigrations a été trop peu de choſe pour la dépeupler ; & que quelque fortes qu'elles aient pu être, depuis deux ſiécles, elle devroit en être remiſe, & ſe retrouver aujourd'hui auſſi nombreuſe en Habitans, que le produit de ſes terres le peut comporter. Elle eſt cependant bien loin de cet état.

Toutes les causes physiques & morales qu'on y puisse observer actuellement, y existoient déja long-temps avant Charles-Quint; & l'on sçait que malgré cela elle étoit alors très-florissante & très-peuplée.

Tout pays où les Habitans sont à l'aise, se trouve bientôt parfaitement peuplé.

Toute émigration mettant plus à l'aise les Habitans qui restent dans un Pays, les met dans le cas de s'accroître bientôt par la population, & de réparer promptement la perte de l'Etat. Pour s'en convaincre, il ne faut que jetter les yeux sur l'histoire des Colonies Grecques & des Peuples anciens: & pour se rapprocher d'un temps qui nous soit moins étranger, qu'on voie avec quelle promptitude les Pays qui ont été dévastés de nos jours par les guerres dont ils étoient le théâtre, reviennent à leur premier état de population. Quel accroissement ne doit pas prendre un peuple qui trouve à sa portée de quoi s'étendre? L'Espagne, depuis deux cens ans, devroit certainement se trouver rétablie dans son ancienne splendeur, quelque perte d'Habitans qu'elle ait pu avoir essuyée.

C'est la perte du commerce intérieur qui a causé la décadence de l'Espagne.

Cependant c'est la découverte des deux Amériques qui a causé sa décadence. Si les émigrations n'y ont point eu de part, d'où a-t-elle donc pu venir? Le voici: c'est que cette Puissance a laissé son commerce intérieur s'anéantir.

Les Espagnols, sur tout dans les premiers instans, trouverent des profits immenses dans le commerce des Isles. Tout le monde voulut y mettre ses fonds. Ceux qui faisoient le commerce de Province à Province, le quitterent pour faire le commerce du nouveau monde, dans lequel ils trouvoient un gain tout autrement considérable. Ainsi les différentes Provinces de l'Etat n'eurent plus de Négocians qui exportassent de l'une à l'autre ce que chacune d'elles avoit de trop en certaines espéces de denrées. Elles se trouverent donc toutes surabondamment chargées des espéces de marchandises qu'on avoit coutume d'exporter, & la culture en diminua. Il est visible que ces denrées ne pouvoient être que celles auxquelles leurs différens sols étoient le plus propres, & le mal en fut d'autant plus grand.

Les Chefs de ses Manufactures aimerent mieux faire avec leur argent le commerce d'outre-mer, que de continuer leurs entreprises. Toutes les Manufactures tomberent, ainsi que la culture des chanvres, des lins, & la nourriture des troupeaux, qui leur donnoient l'une & l'autre les matieres premieres. Il n'y eut plus de Commerçans, qui cherchassent de modiques profits dans le commerce des grains, pour en former des magasins dans les Villes maritimes. Le commerce intérieur fut attaqué dans tous ses points. L'agriculture, l'industrie tomberent, & la Monarchie avec elle.

Le commerce des Isles ayant donné pendant très-long-temps des profits que l'on peut dire exhorbitans, le commerce intérieur déchut toujours de plus en plus. Personne ne tourna ses vues de ce côté. En s'invéterant, le mal ne peut que monter à son comble, & devenir de plus en plus irrémédiable.

L'Espagne vit ses Ports de mer & même ses Flottes Royales approvisionnées de denrées provenues d'un crû étranger. Ses voisins ne dédaignerent pas de lui en apporter. Ces derniers en effet n'avoient rien de mieux à faire. Les Espagnols ne partageoient en rien le nouveau commerce avec les autres Nations de l'ancien monde. Ils se l'étoient réservé à eux seuls. Mais en revanche, on ne se servit plus bientôt dans toute l'Espagne, que d'étoffes & autres marchandises manufacturées au dehors. Bientôt elle se trouva vuide d'Ouvriers, & presque sans Cultivateurs.

Cette Puissance n'eut donc plus que de l'argent à donner en échange des marchandises qu'on lui apportoit. Les Etrangers partagerent ses richesses. Achetant toujours plus, à mesure que ses richesses & ses besoins augmentoient, ses achats absorberent la plus grande partie de ſa recette annuelle. Elle ne recevoit que pour donner. Ceux qui commerçoient avec elle, accumulant toujours, ſe trouverent bientôt en quelque façon plus riches & plus puiſſans qu'elle.

Les Anglois, en peuplant leurs Iſles, ont conſervé leur commerce intérieur, & leur Etat eſt devenu de plus en plus floriſſant.

Les Anglois au contraire ayant trouvé dans le premier abord beaucoup moins de profit dans le commerce de leurs Colonies, leur commerce intérieur en a été moins ébranlé. Des loix ſages l'ont entretenu floriſſant. Ils ont trouvé en conſéquence dans leurs Colonies une ſource de puiſſance & de ſplendeur que tout Etat bien gouverné y trouvera toujours.

Si l'Eſpagne n'avoit pas reçu des denrées & des marchandiſes étrangeres, la découverte des Amériques n'auroit pu que lui être avantageuſe.

L'Eſpagne, comme on vient de le voir, a trouvé ſa ruine dans les ſoins que ſes voiſins ont eu de lui porter des marchandiſes de leurs fabriques, & des denrées de leur crû. Si cette Puiſſance avoit été isolée, la découverte des nouvelles terres n'auroit pu que lui être très-avantageuse. Son commerce intérieur se seroit nécessairement soutenu. Si, à raison des gros profits qu'offroit le commerce des nouvelles Isles, les Négocians en grains avoient quitté leur premier objet, pour placer là leurs fonds, les besoins des Villes maritimes & des vaisseaux, auroient bientôt fait naître d'autres Négocians du même genre de commerce, qui auroient été encouragés par la perspective de gains d'autant plus forts, que leurs services auroient été plus nécessaires. Si ces derniers, après s'être enrichis, avoient abandonné à leur tour cette espéce de commerce, le même besoin de l'Etat & le même appas de gain, en auroient fait sur le champ reparoître d'autres. En un mot, ce mouvement auroit continué dans cette branche de commerce comme dans toutes les autres, jusqu'à ce qu'il se fût établi une égalité de gains entr'elles, à compter les dangers, les longueurs, les mises & les peines.

Les gros profits que les Portugais ont trouvés dans le commerce de leurs Isles, ont ruiné le commerce intérieur.

Ce que nous venons de dire sur l'Espagne, se peut appliquer, à peu de chose près, au Portugal: & ce que nous avons observé à l'honneur de l'Angleterre, est applicable aux Hautes-Puissances de la Hollande, autant qu'il peut y avoir de parité entre les ressources de commerce intérieur de ces deux derniers Etats.

Ainsi je crois qu'il est démontré qu'un des plus grands maux qu'un Etat puisse se faire à lui-même, c'est de gêner le commerce que ses différentes Provinces cherchent à faire entr'elles, ou de ne pas ôter, autant qu'il est en lui, tous les obstacles qui le gênent.

Sans nulle exception dans un Etat isolé, le commerce de Province à Province doit toujours être permis.

Cependant ceci n'est vrai, absolument & sans exception, que pour un Etat réellement isolé. Dans un tel Etat, quelque besoin qu'une Province puisse avoir d'une denrée de son crû, fût-ce, si l'on veut, de son grain, la sortie doit toujours en être libre. La raison en est qu'on ne peut en exporter de chez elle, que pour secourir une autre Province qui en a encore plus besoin qu'elle.

La disette d'une partie du nécessaire, lorsqu'elle n'est que passagere, ne détruit point; mais la disette absolue d'une chose nécessaire, comme le grain, détruit.

Si l'on fait attention à la différence de l'effet des besoins plus ou moins grands, & à ce qu'un peuple peut se retrancher, en cas de nécessité, de sa consommation ordinaire, sans périr, on conviendra que, dans tous les cas, ce partage de denrées entre des Provinces d'un même Etat, procure le bien général de cet Etat.

CHAP. VI.

Application du principe précédent.

Que deux Manœuvres qui consomment ordinairement entr'eux cinq livres de pain par jour, se trouvent dans une disette qui les réduise à n'en avoir pour les deux que trois livres : si l'un a toujours ses deux livres & demie, & l'autre seulement une demi-livre, celui ci succombera, tandis que l'autre ne souffrira point. Au lieu que s'ils se partageoient également les trois livres, chacun d'eux en ayant une livre & demie pour sa consommation, ils se soutiendroient tous deux patiemment, jusqu'à des temps moins malheureux. Ce qui se rend sensible d'homme à homme par cette hypothèse, le sera de même de Province à Province, pour le peu qu'on y veuille refléchir.

Cas où l'on doit empêcher l'exportation

Mais dans un Etat, par exemple, tel que la France, s'il se

CHAP. VI. des denrées de premiere nécessité d'une Province à l'autre dans un Etat isolé.

trouve dans l'intérieur, moins de grains qu'il n'en faut pour la consommation générale, on doit défendre à celles des Provinces méditerranées, qui ne sont approvisionnées que de ce qu'il leur faut, de secourir celles des Provinces limitrophes qui peuvent se procurer du grain de l'Etranger par le commerce. Sans quoi, il faudroit rapporter aux Provinces éloignées le grain dont elles se seroient d'abord défait : ce qui causeroit un mouvement dangereux à plus d'un égard.

Supposons que la Bourgogne ait du grain pour un an, & que la Provence n'en ait que pour six mois, & mettons la population égale dans les deux Provinces. Que la Bourgogne partage son grain avec la Provence : qu'elle lui envoie du grain pour sa consommation de trois mois, chacune des deux Provinces se trouvera n'en avoir plus que pour neuf. Il faudra donc alors que la Provence tire de l'Etranger, par le commerce, une quantité de grains qui suffise à la consommation des deux Provinces pendant trois mois : quantité égale à ce qu'il en falloit pour sa conservation particuliere pendant six mois. Il faudra ensuite que la moitié de ce froment remonte en Bourgogne, c'est-à-dire, qu'il en remonte autant qu'il en est descendu : voilà dès l'abord un mouvement inutile. Si, au lieu de cela, on avoit renvoyé dès le premier instant la Provence à l'Etranger pour se pourvoir, on auroit fait une manœuvre beaucoup plus simple : on auroit évité tout mouvement intérieur ; on auroit évité encore le renchérissement du grain, & la variation de son prix en Bourgogne. Mais hors ce cas-là seulement, nous n'en voyons pas un où la liberté générale du commerce de Province à Province puisse être gênée, sans occasionner une véritable perte.

Essai sur une pensée de M. de Montesquieu.

M. de Montesquieu dit *qu'un Etat est florissant, lorsque chaque portion d'argent représente bien la portion de marchandise qu'elle doit représenter, & que reciproquement chaque portion de marchandise représente bien la portion de la masse d'argent à laquelle elle répond.* N'auroit-il pas voulu dire par-là qu'un Etat est florissant, lorsque le commerce s'y fait bien. Au moins n'est-ce qu'alors que, le prix de toutes choses étant à-peu-près fixe, chaque portion de marchandise représente bien une portion d'argent connue.

Moins un Etat est étendu, plus

il parvient facilement à la perfection & à la plénitude de son commerce intérieur. Plus cet Etat est grand, plus la machine se complique ; plus son commerce a de peine à prendre une étendue suffisante, mais plus aussi il retire d'avantages de son commerce ; & plus la perfection de ce commerce est nécessaire à l'accroissement de sa splendeur & de sa force, plus il doit s'en occuper.

CHAP. VI.

Moins un Etat isolé sera étendu, plus le commerce aura de facilité à parvenir à sa perfection.

Toutes choses égales d'ailleurs, plus il y a de disproportion entre la population & la fécondité du sol des différentes Provinces d'un Etat, plus il perd de sa force ; soit par la quantité de Voituriers & de Commerçans qui se trouvent nécessairement occupés à approvisionner les Provinces trop peuplées ; soit par les avaries qui arrivent aux denrées dans

Il seroit avantageux que toutes les Provinces d'un Etat fussent peuplées à proportion de leur sol.

les transſports & dans les magaſins; ſoit par le renchériſſement des denrées qui eſt la ſuite de ces avaries ; ſoit par la négligence qui ſe gliſſe de mille & mille manieres dans la culture des Provinces qui ont trop peu d'Habitans.

Une des raiſons que l'on donne de la grande population de l'Allemagne, c'eſt qu'étant compoſée d'une quantité de petits Etats, le nombre des Habitans de chacune de ſes parties, ſe trouve plus proportionné à la fécondité de leurs terres, que dans aucun autre pays de l'Europe. Cette raiſon nous paroît très-bonne, & nous eſtimons qu'une telle proportion bien établie doit contribuer de beaucoup à la proſpérité d'un Pays.

ARTICLE

## ARTICLE VI.

*Le Commerce prendroit de lui même dans un Etat isolé toute l'étendue qu'il seroit avantageux qu'il prît, s'il n'étoit point gêné par les Loix.*

Le commerce s'accroîtra naturellement, ainsi que toutes les autres professions utiles.

LE Commerce a cela de commun avec tous les arts & avec toutes les professions utiles, que, s'il n'est pas gêné par les Loix, il prendra bientôt de lui-même, dans un Etat isolé, un accroissement proportionné au besoin général des Citoyens, & aux circonstances physiques du Pays ; c'est-à-dire, qu'il prendra tout l'accroissement qu'il est avantageux qu'il prenne, suivant l'état des choses.

Plus le commerce sera imparfait, plus il

Plus le prix des marchandises sera inégal dans les différens lieux

CHAP. VI.

y aura d'avantage à y placer des fonds, plus conséquemment il y aura de monde qui s'assembleront à y en mettre.

& dans les différens temps, plus il y aura de profit à faire dans les entreprises du commerce. Ainsi plus le commerce sera encore imparfait, plus il y aura d'avantage à y mettre des fonds; plus alors l'intérêt fera décider de monde à y en mettre, & plutôt le commerce s'étendra. Les nouveaux fonds rapprochant la proportion des vendeurs aux acheteurs, feront baisser les profits du commerce, & le feront avancer à grands pas vers sa perfection. Tel est l'ordre naturel des choses humaines. Et on le verra suivre nécessairement ce cours, si des causes accidentelles ne le troublent pas.

Loix de l'équilibre appliquées au commerce.

Supposons que dans un Etat il y eût trop peu d'Ouvriers, qu'ils y fussent rares en comparaison du besoin qu'on en auroit, alors les Ouvriers de toute profession feroient de très-gros gains ; & ces gains feroient continuellement augmenter leur nombre, jusqu'à ce que leur profession eût pris une étendue suffisante, & que les gains des Ouvriers se trouvassent proportionnels aux frais de leur apprentissage & à leurs peines. De même, si le commerce est trop resserré, les gros profits qu'on trouvera à y faire, engageront à s'y jetter, & à y mettre des fonds, jusqu'à ce que ces profits deviennent tellement proportionnés aux dangers, aux dépenses, aux mises & aux peines, qu'il paroisse à-peu-près indifférent d'y employer son argent, ou de le mettre en contrat, ou de chercher les autres débouchés qui peuvent se trouver dans l'Etat.

Loix de l'équilibre appliquées aux Manufactures.

Il s'y établira bientôt autant de Manufactures qu'il en faudra pour le besoin des Habitans. On nourrira des troupeaux : on élevera des vers à soie : on cultivera des chanvres & des lins autant qu'il en faudra pour les fournir des matieres premieres qu'elles emploieront. Si ceux qui seroient à la tête des manufactures, tenant le prix des marchandises fort haut, vouloient y faire de trop gros gains, dès que leur secret seroit connu, il s'y en établiroit de nouvelles, dont les Entrepreneurs, pour vendre de préférence, donneroient à meilleur marché. Les anciennes perdroient d'abord par-là une partie de leur débit, & seroient obligées de baisser leur prix au taux de celui des nouvelles manufactures : autrement elles se verroient culbutées. Un mouvement semblable ne cesseroit de se faire, jusqu'à ce que le gain des manufactures ne fût pas plus fort à proportion de l'induſtrie, des dangers & des miſes, que dans les autres profeſſions.

CHAP. VI.

Loix de l'équilibre appliquées aux matieres premieres employées par les Manufactures.

Les Manufacturiers auront bientôt réduit leurs Ouvriers à l'équilibre du gain & des peines; quant aux matieres premieres, leur abondance faiſant baiſſer leur prix, il y aura de la perte à s'en occuper, lorſque leur quantité deviendra trop grande. La diſette de ces mêmes matieres faiſant monter leur valeur très-haut, il ſera fort avantageux de les multiplier, lorſqu'elles ſeront très-rares : de-là s'établira un équilibre entre leur quantité & le beſoin des Habitans.

Le prix de toutes les marchandiſes baiſſant à meſure que le commerce ſe perfectionne, l'habitant ſe voit d'autant plus à l'aiſe, que le

A meſure que la Métallurgie ſe perfectionnera, l'Ouvrier tirant & maniant les métaux à moins de frais & avec moins de peines, donnera ſon ouvrage à meilleur marché. Ainſi l'uſage de

CHAP. VI. commerce est plus parfait.

ce qu'il fabrique, deviendra plus étendu, & d'un prix plus proportionnel aux facultés des Citoyens les moins aisés. De même, à mesure que les arts, qui ont rapport au commerce, se perfectionneront ; à mesure qu'on inventera des méthodes plus courtes & moins couteuses pour conserver les marchandises, ou pour en réparer les dommages, le commerce s'étendra, les marchandises en viendront à un prix plus accessible, la consommation augmentera, & les Habitans seront plus à l'aise.

Dans un Etat isolé, il devroit être défendu à tous Citoyens, & sans nulle exception postérieure à la défense, de garder par devers soi un secret qu'il seroit utile de rendre public. Tout secret fait que les choses qu'il a pour objet sont très-rares, & conséquemment très-cheres. En se le réservant, on prive le plus grand nombre des Citoyens de l'avantage qu'ils en pourroient tirer, & c'est souvent d'une chose importante qu'on les prive. On préfére donc son intérêt privé au bien général : c'est ce qui ne doit pas être permis. Cependant les découvertes d'une utilité réelle méritent leur récompense : à Dieu ne plaise qu'on se refuse à en convenir. Mais c'est à l'Etat de s'en charger, d'en gratifier un peuple dont il doit procurer le plus grand avantage, & d'exciter par des récompenses proportionnées au mérite des découvertes, la sagacité & l'industrie des génies inventifs à en méditer de nouvelles.



La facilité des transports augmente le commerce, & conséquem.

Le commerce a pour objet le transport, comme la préparation & la conservation des marchan-

Chap. VI.

ment l'aiſance des habitans.

diſes. A meſure que l'on trouvera de nouveaux moyens de tranſport, que l'on creuſera de nouveaux canaux; qu'on aſſurera ou qu'on facilitera les importations & exportations, le commerce prendra une nouvelle étendue. Les frais de tranſport venant à diminuer, le prix des marchandiſes tranſportées diminuera, la conſommation, & conſéquemment le débit, augmenteront d'autant. Par tout ce que nous venons de dire, on voit qu'à tous égards, la perfection du commerce & ſon étendue, marcheront toujours d'un pas égal.

On peut remarquer que le commerce imparfait diminuant la conſommation, fait diminuer le produit de l'impôt établi ſur les marchandiſes.

Ceux qui penſent que chaque Nation a un caractère particu-

lier

lier qu'elle tient de la nature; (c'eſt-à-dire, ſans doute un caractere déterminé par les qualités des productions du ſol que cette nation habite, & par la température du climat ſous lequel elle ſe trouve): ceux-là, dis-je, nous accuſeront vraiſemblablement de ſuppoſer ici ſans raiſon que la nation que nous nous ſommes propoſée pour objet de nos recherches, ſeroit laborieuſe & portée au commerce. Ils nous accuſeront conſéquemment de ne pas donner des propoſitions aſſez générales, & de ne pas prévoir ce qui arriveroit à une nation dont le génie ne ſeroit pas commerçant, & qui d'ailleurs ſeroit pareſſeuſe, ainſi qu'on taxe quelques nations de l'être.

Si les peuples de divers climats ſe conduiſent ſur des

Mais quant à nous, nous croyons voir l'homme naître le même par-tout. Nous en excep-

CHAP. VI.

principes différens, c'eſt que pour ſatisfaire l'envie qu'ils ont de s'agrandir, tous les Gouvernemens leur prêtent des moyens différens.

tons à peine les climats les plus ſauvages. Par-tout ce ſont les beſoins qui portent le pauvre au travail ; & c'eſt l'appas du plus de gain qui décide du genre de travail auquel il préfére de ſe livrer. Par-tout le riche mû par l'ambition qui eſt la dénomination la plus générique qu'on donne à l'envie de s'agrandir, quels que ſoient les moyens qu'il y emploie & les fins qu'il s'y propoſe, le riche, dis-je, ſacrifie à ſa paſſion ambitieuſe, & ſes richeſſes, & ſa puiſſance ou ſes forces. S'il ſe conduit différemment dans les régions diverſes, & ſous les diverſes formes de Gouvernement, c'eſt que le ſuccès de ſes entrepriſes lui paroît dépendre de ſa ſoupleſſe à régler ſes démarches ſuivant les moyens que le Gouvernement ſous lequel il vit, & que les autres circonſtances physiques & morales qui l'environnent, laissent à sa discrétion.



Le climat ne paroît avoir qu'une influence bien légere sur le génie des Nations.

Que peut-on attribuer au climat & au sol, lorsque l'on voit ceux qui habitent actuellement le pays des anciens Grecs, si différens des hommes qui l'ont occupé avant eux ? N'a-t-on pas vu l'esprit de commerce, la science, l'industrie & la bravoure même parcourir toutes les Régions de la terre, & s'y naturaliser successivement avec une égale facilité ? Il ne faut qu'ouvrir l'Histoire, pour en trouver les preuves.

C'est le Gouvernement & les loix qui déterminent le caractère de toutes les Nations.

Notre opinion est que c'est le Gouvernement, & que ce sont les loix qui donnent à chaque Nation son génie, son caractère & ses mœurs. S'il est des peuples superstitieux & fainéans, qu'on donne leurs loix & leur forme politique au peuple le plus laborieux & le plus raisonnable, & l'on verra bientôt ce dernier ressembler aux premiers. Si les crimes sont plus communs dans certains pays, c'est parcequ'on y trouve pour les crimes les plus atroces des asyles qui en font espérer, & qui en assurent même souvent l'impunité. S'il y en a où l'on fasse plus d'usage de la ruse que de la bravoure, c'est parceque la nature du Gouvernement est telle, que la premiere de ces deux qualités doit conduire plus loin que l'autre dans le chemin de la fortune, & procurer conséquemment plus de considération & plus de droit à l'estime publique.

L'Anglois est populaire, instruit de ses devoirs, & fidele à les remplir, parceque le Gouvernement le surveille, & que l'affection du bas peuple lui est nécessaire. Qu'on examine les Loix & le Gouvernement de chaque Nation, on y découvrira évidemment les causes de toutes ses vertus & de tous ses vices? Chap. VI.

## Article VII.

### *Avantages du Commerce en gros.*

Ce qu'on doit entendre par l'étendue du commerce.

L'ETENDUE du Commerce se mesure par la quantité de marchandises sur lesquelles il opere, & non sur le nombre des Commerçans. Dans tout Etat, moins il y aura de Commerçans pour les mêmes fonds, plus le commerce sera avantageux, plus tôt il arrivera à sa perfection.

Il est sensible aussi que l'étendue du commerce ne se mesure pas sur l'éloignement des lieux où il se fait. On peut commercer très-loin & très-mal, comme on le dit de l'Espagne qui commerce au Pérou & aux Philippines. On peut commercer très-loin & très-peu. On en voit l'exemple dans le commerce que la Ruſſie fait avec la Chine.



Avantage qu l'Etat trouve roit ſi tout l commerce étoit dans un ſeule main.

Tout le monde ſçait qu'un Commerçant a d'autant plus de facilité & de reſſources, qu'il manie plus de fonds, ou qu'il commerce plus en gros. C'eſt ce qui fait deſirer qu'il y ait le plus petit nombre poſſible de Commerçans ſur le même genre de commerce.

Si un ſeul Marchand faiſoit tout le commerce d'un Etat, les prix de toutes les marchandiſes ſeroient auſſi uniformes qu'ils peuvent l'être ; toutes les parties de l'Etat ſeroient exactement approviſionnées ; on les verroit ſecourues à propos, & de tout point au beſoin. Le meilleur marché s'en enſuivroit par mille raiſons, & ſur-tout parcequ'il ne pourroit y avoir ni banqueroute, ni mouvement de marchandiſes qui rendiſſent l'état du commerce incertain, ou dont il y eût à crain-

CHAP. VI.

dre quelque fâcheux retour. Au lieu d'une multitude de magasins de chaque genre de denrées, il n'y en auroit qu'un dans chaque Ville pour tous les genres. Il seroit toujours proportionné au courant de la consommation de cette Ville. Quelque besoin, quelque accident qui naisse, l'unique Commerçant auroit toujours à la main de quoi y faire face. Ses vaisseaux, ses bateaux, ses harnois seroient toujours tout prêts, & en nombre proportionné au mouvement total de ses marchandises. Celles-ci n'attendroient ni après le chargement, ni après la vente.

Si au lieu d'être entre les mains d'un seul homme, le commerce étoit entre les mains d'une seule Compagnie, il en résulteroit les mêmes biens. Qu'on ne nous objecte point les désordres que l'on a vu naître de l'établissement de plusieurs Compagnies commerçantes. Si l'on y prend garde, ces désordres naissent plutôt de la conduite que de l'essence du plan sur lesquels on les a formés. D'ailleurs, tous ceux qu'on peut nous objecter, n'ont eu d'effet sur le public, que par les priviléges exclusifs qu'on leur avoit accordés sans doute trop légérement.

On ne voit pas qu'il puisse résulter aucun abus de l'établissement d'une Compagnie unique de commerce.

Le Gouvernement ni le Peuple n'auroient très-certainement rien à craindre d'une Compagnie unique de commerce, pour le peu qu'on s'appliquât à la surveiller. Cette Société commerçante, à ne lui supposer, comme on le fait ici, aucun privilége exclusif, ne pourroit guère abuser du défaut de concurrence dans les ventes, pour renchérir les denrées, sans se faire à elle-même plus de tort qu'au Peuple. Dans tous les cas, rien de plus aisé que de remédier aux abus par des régles que le Gouvernement obligeroit d'autant plus facilement à suivre, qu'il seroit plus maître des magasins par le petit nombre qu'il y en auroit, & par le petit nombre de ceux qui seroient à leur tête.

Rien n'est plus commun que d'entendre dire, qu'on ne doit pas permettre qu'un Particulier, ou une Société devienne trop riche. Nous ne voyons pas quelle raison on en pourroit donner; mais il est certain qu'il n'en peut résulter aucun danger pour le Gouvernement, sur-tout s'il est monarchique.

Jamais personne n'a troublé aucun Etat par ses richesses.

Nous ne nous rappellons pas d'avoir lu dans l'Histoire, qu'aucun Particulier ait jamais troublé un Etat par la grandeur de ses richesses. Toutes les séditions sont venues par le Peuple, par les Grands ou les Princes, par les Chefs du militaire, par les Corps intermédiaires entre le Souverain & le Peuple, par les Miniſtres factieux de diverſes Communions ou Religions.

Des richeſſes très-ſupérieures à celles de tous les autres Citoyens, ne peuvent être dangereuſes entre les mains d'un ſeul homme, qu'autant qu'elles s'y trouvent jointes avec une autorité trés-étendue & d'une certaine ancienneté, ſoit dans ſa perſonne, ſoit dans ſa famille. Nous l'entendons toujours à ne prendre la choſe que dans un état monarchique.

Ceux qui ont renverſé les Républiques, n'en ont pas trouvé les moyens dans leurs richeſſes, mais dans l'autorité que leur

Quoique l'effet des richeſſes énormes ſoit plus à craindre dans une République, que ſous toute autre eſpéce de Gouvernement, on peut ſe convaincre facilement que tous ceux qui ont troublé,

CHAP. VI.

avoient confiée les Citoyens qu'ils opprimerent.

ou renversé ces sortes d'Etats; l'ont fait plutôt par les moyens que leur en a fournis l'autorité dont ils étoient revêtus, que par les forces qu'ils tiroient de leur opulence. D'ailleurs, pour le peu qu'on y refléchisse, on verra que, vu la puissance & la forme actuelle des Gouvernemens de l'Europe, quelque riche qu'y puisse être un Particulier, ou une Société, il n'y a pas lieu d'en prendre le plus petit ombrage.

Impossibilité de troubler par sédition aucun Etat de l'Europe.

Il y a eu un temps où les séditions étoient fréquentes. C'est qu'alors elles étoient d'une exécution aisée, & qu'on y entrevoyoit au moins quelque fondement d'espérance pour le succès. Par-tout le Peuple étoit armé. Les Villes étoient autant de forteresses. Les campagnes étoient hérissées de Châteaux forts. Il n'y avoit point de Soldats entretenus; presque point de Finances pour soudoyer les armées & les tenir long-temps en campagne. Toute la force de chaque Gouvernement consistoit en son droit établi, en quelques compagnies de Gardes, & aux Maréchaussées & autres Suppôts de Justice. Aujourd'hui les choses sont en tel état, qu'il est impossible qu'il se fasse aucune révolte qui ait quelqu'effet considérable, ou qui soit de quelque durée. Plus de mal-intentionnés qui dans leurs sourdes pratiques puissent entrevoir la moindre lueur de succès. Mais passons à des réflexions d'un autre genre.

Dangers où pourroient être les Citoyens, s'il n'y avoit qu'une seule Société de commerce.

Une Société qui feroit tout le commerce d'un Etat, sans nul privilége exclusif, mais seulement par la supériorité de ses ressources, ne pourroit abuser de cette supériorité que de deux manieres, en prenant d'abord subitement tout à crédit des principaux Ouvriers & des Cultivateurs, & revendant tout comptant avec une promptitude qui prévînt l'échéance des termes de ses engagemens; & nous avouons que cette opération mettroit dans les coffres & à la disposition de la Société, une partie considérable de l'argent du Pays. L'autre espéce d'abus consisteroit, en ce que la Société renchériroit sans raison toutes les marchandises qui seroient dans ses mains, ou du moins une partie d'entr'elles.

Une Société unique de commerce ne pourroit vouloir serrer l'argent de ses ventes, sans se perdre.

Par la premiere opération, il est certain que l'argent deviendroit rare tout-à-coup parmi le Peuple, sans augmenter de valeur, puisque toutes les marchandises resteroient au même prix. Il en résulteroit que les gens aisés seroient obligés de se retrancher sur les objets de luxe, ceux d'un état médiocre, ſur les objets de commodité ; & que ceux qui n'auroient de reſſources que dans leurs ſalaires journaliers, ſeroient moins employés par les riches, & ſouffriroient dans leur néceſſaire. Tout cela ſeroit certainement un mal, mais un mal qui dureroit ſi peu, qu'il ne pourroit jamais avoir beaucoup d'effet : mal où la Société commerçante trouveroit ſa propre perte, ſi elle l'occaſionnoit, au lieu d'y trouver aucun avantage, & auquel le Gouvernement auroit toujours le remède le plus efficace & le plus prompt à apporter.

Il eſt viſible que l'achat à crédit par la Compagnie ne peut durer, dès qu'on s'appercevra que l'argent ſera devenu un peu rare. Le Cultivateur cherchera à vendre ſes denrées & ſon bétail à des Particuliers, pour être payé comptant ; & les baiſſera de prix ; pour vendre de préférence à la Société. Le Forgeron feroit auſſi porter ſon fer à l'Ouvrier qui l'emploie, & le lui céderoit à meilleur marché par la même cauſe, & ainſi de tout le reſte. De cette ſorte, la Société perdroit bientôt tout ſon commerce. Plus elle s'opiniâtreroit à cacher ſon argent, plus on verroit le prix de toutes choſes diminuer, juſqu'à ce que l'équilibre de valeur ſe trouvât établi entre l'argent circulant & toute autre marchandiſe, ſuivant leur rareté & leur utilité réciproque. Il en réſulteroit le même effet que ſi l'argent caché étoit réellement ſorti de l'Etat.

Si pour conſerver ſon commerce, en gardant toujours ſa levée d'argent, la Compagnie baiſſoit ſes marchandiſes, elle ſe ruineroit. Son achat à crédit s'étant fait ſur le

taux

taux ancien, elle perdroit visiblement à vendre sur le nouveau.



La Compagnie ne pourroit trouver aucune espece d'avantage à serrer sa levée d'argent.

Mais d'ailleurs quel intérêt pourroit avoir cette Société à causer dans l'Etat un mouvement qui attireroit sur elle la haine du Peuple, & les effets de la justice vengeresse du Gouvernement? En gardant son argent, c'est un fonds mort dans ses coffres. En l'accumulant, elle vend moins. Comment le faire ressortir avec avantage? Dans les premiers instans qui suivront sa levée, il y aura plus d'Emprunteurs que de Prêteurs, sans doute; mais si le taux de l'argent est fixé, quel bien en reviendra-t-il? On ne pourroit toujours contracter que sur le prix ordinaire. Par des prêts usuraires, authentiques & sans nombre, la Compagnie hasarderoit-elle de se voir poursuivie & détruite par la vindicte publique?

Les terres ne baisseroient de valeur que lentement, & longtemps après que les denrées auroient baissé. Il n'y a que cette raison & le défaut de Cultivateurs, qui puissent les faire diminuer de prix. Je ne considére qu'un Etat isolé, ainsi la Compagnie ne pourroit pas en faire sortir les fonds. Fût-ce même chez nous que nous considérassions la chose, quel bien pourroit trouver une Société puissante à faire passer ses richesses à l'Etranger ? Pourquoi ne préféreroit-elle pas à en jouir dans sa Patrie, dès qu'elle y seroit assurée d'en jouir paisiblement ? D'ailleurs, comment les transporter toutes hors du Royaume ? Comment attendre la vente finale de tous ses magasins, vente nécessaire pour remplir son objet ? C'est cette vente même qui, plus que tout le reste de sa manœuvre frauduleuſe, ne pourroit avoir lieu.



Le Gouvernement ne pourroit qu'être promptement averti de la malicieuſe levée, ſoit par les opérations ſuſpectes qu'une telle manœuvre ſuppoſe ( opérations trop étendues & trop générales pour pouvoir être ſecrettes ), ſoit par ſon effet ſur le Peuple. Il ne faudroit qu'un ſimple ordre du Gouvernement, pour remettre les choſes auſſi promptement qu'il le voudroit, dans l'ordre où elles doivent être.

Si la Compagnie vouloit ſans ſujet augmenter le prix de quelque marchandiſe que ce puiſſe être, le gain exorbitant qu'elle feroit deſſus, lui donneroit bientôt des concurrens qui lui enleveroient le commerce de toutes les parties qu'elle auroit renchéries, ou qui la forceroient à les rabaiſſer à leur juſte valeur. Si l'on dit que, par ses correspondances établies, & par les facilités qu'elle auroit pour le transport & pour le débit, elle ne l'emporteroit que trop facilement sur les Concurrens qui se présenteroient : alors, si l'on y prend garde, c'est convenir qu'elle vendroit toujours les marchandises à meilleur marché qu'elles ne sont parmi nous, puisqu'elle ne pourroit l'emporter sur ces Concurrens, qu'en donnant à meilleur marché qu'eux. Or, les Concurrens, dans la supposition, donneroient déja les choses à meilleur marché que nos Commerçans actuels ; parceque la valeur des marchandises étant plus connue & plus fixe, leur commerce ne seroit pas sujet aux mêmes incertitudes & aux mêmes revers que celui des derniers. D'ailleurs, rien n'est plus aisé que de fixer le prix de toutes marchandises par des taxes, qui varieroient sur chaque chose toutes les fois que quelqu'accident apporteroit à leur valeur réelle un changement un peu considérable. Nous examinerons plus bas la possibilité des taxes, & ce qu'on peut objecter contre. C'est le sujet de l'article suivant.

Au reste, en détaillant ici tous les avantages qu'un Etat trouveroit à avoir tout son commerce intérieur dirigé par une seule Société, en cherchant à détruire tout ce qu'on peut y opposer d'objections, nos vues ne sont point de proposer au Gouvernement un projet à exécuter. Nous sommes loin de croire que nous puissions ajouter aux lumieres de ceux qui gouvernent ; mais tout le monde convenant de l'avantage du commerce en gros, convenant encore que le commerce ſe fait d'autant mieux, qu'il y a plus d'enſemble & de rapport entre ſes opérations, nous avons cru devoir le conſidérer dans le point de vue éminent de ſa réunion. C'eſt en portant les choſes à l'extrême, dit Platon, qu'on voit le mieux leur bonté ou leur vices radicaux.

Maux qu'éprouve un Etat où il n'y a que de petits Commerçans.

Si dans un Etat il y a une multitude de petits Commerçans qui n'opérent conſéquemment chacun que ſur peu de marchandiſes, & vis-à-vis d'une très-petite partie de l'Etat, tout ſera à très-haut prix, tout ira mal. A la premiere nouvelle qu'une choſe eſt renchérie dans un canton, une quantité d'entr'eux y enverra ; on le gorgera ; tout ſera toujours approviſionné trop ou trop peu. Pour faire des envois plus prompts, on achetera cher : les transports précipités seront couteux. De-là, soit qu'on veuille retirer sa marchandise, soit qu'on veuille la faire vendre au lieu de son arrivée, on y perd. Il naît des banqueroutes. On ne saisit point les bonnes saisons : il n'y a point de suite dans les envois : les avaries se multiplient : le prix des choses augmente : il y a mille magasins dans chaque endroit. Il faut retirer de gros intérêts des fonds qu'on a employés à les former : ce que l'on vend paye pour ce qu'on ne vend pas. Les modes & les goûts changent : le Commerçant n'a pas des vues assez étendues pour les suivre : il fait de mauvaises affaires, se ruine, & tout s'éloigne de l'ordre.

Maux d'un Etat où les Commerçans sont trop nombreux.

Il n'y a presque point de ville en France où il n'y ait cinq ou six fois plus de Débitans qu'il n'en faut. Et lorsqu'un homme instruit leur prouve qu'ils vendent de beaucoup trop cher, ils ne manquent jamais de répondre qu'ils vendent peu ; qu'il faut qu'ils gagnent pour l'entretien de leur famille, pour payer de gros loyers, pour se refaire des mauvais hasards & de ce que leur a coûté leur état, &c. Ainsi, le Public a, sur la partie du commerce, cinq à six fois trop de familles à nourrir, cinq à six fois trop de loyers à payer, &, qui pis est, l'intérêt de fonds mis à des magasins cinq à six fois trop nombreux.

Article

## Article VIII.

### *Des Taxes.*

Objections générales contre les taxes.

Toute la puissance du Prince, dira-t-on, ne peut faire changer la valeur réelle des choses, ni conséquemment leur prix, qui doit nécessairement se régler sur cette valeur. Malgré tous les Edits, une marchandise rare & desirée, sera toujours chere. On ne peut fixer par des taxes le prix de quelque chose que ce soit, sans occasionner un mal. Si on la taxe plus haut, on en diminue la consommation, & l'on en prive le Peuple; ou on le surcharge, en le mettant dans la nécessité d'acheter trop cher. A la mettre trop bas, on ne fait qu'en augmenter la cherté en la faisant resserrer. On en voit un exemple

CHAP. VI.

frappant dans l'effet qu'eut la taxe de froment que Julien fit à Antioche. Ainsi toute taxe est mauvaise.

Voilà ce que l'on dit. Le raisonnement est séduisant. Mais sans entrer là-dessus dans aucune discussion : qu'on en juge d'après l'expérience, on en verra le faux. Elle le dément continuellement dans tout l'Univers.

L'expérience universelle prouve l'utilité des taxes.

Par toute la France, & je pourrois dire dans toute l'Europe, on ne voit aucune Ville un peu considérable, où le pain, le bois, la viande ne soient taxés : & loin qu'il en naisse le plus petit inconvénient, c'est le bien immense qui en résulte, ou plutôt la nécessité de ces taxes qui en a fait adopter aussi généralement la méthode par tous les Magistrats.

Ce sont les choses les moins suscep-

Si l'on y prend garde, le bois, la viande & le pain, qui sont généralement ſoumis à la taxe parmi nous, ſe trouvent précisément être, de toutes les marchandiſes, celles qu'il étoit le plus difficile d'y réduire. Plus le prix d'une choſe eſt variable, plus il ſe trouve de différence entre les accabits de ſes diverſes eſpéces, plus il y a de difficulté à s'en procurer une quantité conſtante par les viciſſitudes qui arrivent dans la ſource qui la produit, plus encore elle eſt ſujette aux avaries d'un tranſport embarraſſant & d'une meſure incertaine ; plus auſſi il eſt difficile de la ſoumettre à une taxe. Que l'on voie ſi le pain, la viande & le bois ne ſont pas de toutes les choſes uſuelles, celles qui ſont le plus fortement affectées de ces divers inconvéniens. Si cependant elles ſont taxées par tout, & qu'on s'en trouve bien, ne peut-on pas

tibles de taxes qui ſe trouvent taxées parmi nous.

dire, à conſidérer les choſes au moins ſpéculativement, qu'il n'eſt rien qu'il ne ſoit avantageux de voir taxer.

Il eſt des Villes où l'on taxe preſque tous les comeſtibles.

Nous connoiſſons des Villes même en France où les poiſſons de différentes ſortes ſont habituellement taxés comme le pain. On y taxe les marchandiſes étrangeres à la Province, lorſque les Marchands les veulent ſurfaire. Des Officiers de Police, préſens à tous ces marchés, taxent ſur le champ toutes les choſes de détail, dès qu'il peut y avoir le moindre ſoupçon de monopole. Et de toutes ces taxes, il n'en eſt aucune dont on ne ſe trouve très-bien.

On a taxé dès long-temps les choſes les moins ſuſceptibles de taxe, parceque dès les premiers inſtans le Gou-

Ce qui fait que les choſes les moins ſuſceptibles de taxe ont été cependant les premieres taxées, & ſont preſque les ſeules qui le ſoient, c'eſt que ces marchandises étant d'une nécessité indispensable, dès les premiers instans le Gouvernement s'est trouvé obligé de veiller sur cette espéce de commerce.

CHAP. VI.

vernement a été obligé à veiller sur leur commerce.

Ce qui facilite la posée de leur taxe, c'est que leur commerce est en quelque façon en régie. En effet, dans chaque ville, il se fait par un corps unique : celui du pain, par les Boulangers : celui du bois, par les Marchands de cette denrée : celui des viandes, par les Bouchers, Chaircuitiers, Coquetiers, &c.

On ne peut taxer une marchandise qu'autant que le commerce s'en fait par quelque espéce de régie.

Il est à remarquer que tout ce qui est taxé dans nos Villes, l'est un peu trop haut ; car s'il étoit taxé juste, personne ne voudroit donner de l'argent pour avoir la permission de placer ses fonds à leur commerce, comme font tous ceux qui achetent des maîtrises ; & s'il en est qui achetent des

Tout ce qui est taxé dans nos Villes est taxé un peu trop haut ; les maîtrises renchérissent tout.

maîtriſes pour avoir le privilége de vendre des choſes qui ne ſont pas taxées, il eſt évident qu'il s'indemniſent par la vente, des avances qu'ils ont faites, & qu'ils vendent ces choſes un peu au-deſſus de leur véritable prix.

Les taxes trop fortes font peu de mal, les taxes trop foibles détruiſent le commerce.

Toute taxe eſt infiniment utile, quand elle eſt juſte. Si elle eſt un peu trop forte, le Peuple y trouve encore plus d'avantage que de perte. Si elle eſt même de beaucoup trop haute, le Peuple doit en ſouffrir peu; parceque les Commerçans, pour débiter davantage, baiſſeront vraiſemblablement d'eux-mêmes la marchandiſe au-deſſous de ce qu'elle eſt taxée. Si elle eſt trop foible, elle détruit le commerce: perſonne ne veut plus vendre. Tel fut le malheureux effet de la taxe que Julien mit ſur le froment dans la ville d'Antioche.

Tous les Historiens qui nous parlent de cette opération de Julien, attribuent son mauvais succès à ce qu'elle étoit beaucoup au-dessous de la véritable valeur du grain.

Le grain est de toutes les marchandises celle dont la valeur réelle est la plus variable, & celle encore qui se trouve répandue dans le plus de mains : sans les taxes son prix varieroit à un point que le bas-peuple ne pourroit pas vivre.

Il est aisé d'appercevoir quels désordres il arriveroit à tout instant, si le pain, par exemple, n'étoit pas taxé. Son prix varieroit journellement, parceque cela est dans la nature de la chose. De mauvais sujets, tels qu'il ne s'en trouve que trop, feroient encore mille manœuvres pour en augmenter la variation, & la porter à un point énorme. Le Cultivateur qui améne son grain au marché, voyant que le prix en seroit tantôt très-haut, tantôt très-bas, ne sçauroit jamais ni quand il devroit vendre, ni quand il devroit refuser. Une partie d'entr'eux consommeroit son temps à

Chap. VI.

attendre une forte augmentation de prix : un autre seroit trompé en donnant à trop bon compte. Le Boulanger, se voyant maître d'une marchandise nécessaire, voudroit dans un temps la vendre excessivement cher ; & dans un autre, il n'en voudroit point vendre du tout. Le bas-peuple, ne sçachant jamais sur quoi compter, seroit à tout moment au désespoir & sur le point de périr.

La taxe empêche les monopoles.

Sans la taxe, on verroit à tout instant des gens qui, achetant pendant quinze jours ou un mois tous les grains qui viendroient à une Ville, y causeroient une espéce de famine, pour y revendre avec plus de profit les magazins qu'ils en auroient formés. Les Boulangers eux-mêmes seroient vraisemblablement les premiers à faire cette odieuse manœuvre, au lieu que ce sont eux aujourd'hui qui empêchent principalement qu'on ne la fasse ; parcequ'ils contribuent le plus à l'approvisionnement des Villes ; & que par leurs correspondances au-dehors, dès que le grain dans les marchés est un peu au-dessus de sa valeur réelle, ils ne tardent guère à y en faire venir.

Précaution qu'a pris la ville de Besançon pour remédier à la trop grande cherté des grains.

Nous connoissons en France une ville où l'on a pris de bons moyens pour remédier à ces famines factices, dont nous venons de parler, & qu'on n'a vu que trop souvent produites par les manœuvres de Citoyens mal-intentionnés : moyens qui remédient en même temps à la trop grande cherté accidentelle du grain. On oblige chaque Boulanger à avoir chez lui au premier Décembre un magasin de bled d'une quantité déterminée, & tel que la somme de leurs magasins particuliers égale au moins la totalité de la vente qu'ils peuvent faire tous ensemble pendant quatre mois. Par-là cette Ville ne craint point de se trouver trop subitement dépourvue, & a toujours du temps à elle pour se précautionner contre les chertés qu'elle prévoit. Le Boulanger n'est pas lésé. On lui laisse la facilité de profiter des bons marchés que le hasard peut lui offrir pour sa provision des huit autres mois. Et c'est dans le courant de Novembre qu'on exige qu'on s'approvisionne, temps auquel le froment est à meilleur marché.

La ville dont nous parlons a d'ailleurs un magasin très-grand, eu égard au nombre de ses Habitans, qui est formé des deniers publics, & dont les Officiers municipaux ont la régie : magasin qui, loin de lui coûter une partie de ses revenus, est pour elle une source très-considérable de lucre.



Tout le monde sent le profit qu'elle doit trouver à la revente de ses grains dans les mauvaises années. Dans les bonnes, elle oblige les Boulangers à en prendre à un prix qu'elle fixe elle-même : prix qui est toujours assez haut pour qu'elle y trouve du bénéfice.

Le pain n'est jamais cher dans la ville dont nous parlons, & son prix est plus fixe que partout ailleurs.

Les Boulangers ne souffrent point de cette nécessité d'acheter du grenier de la Ville plus cher qu'ils n'acheteroient dans le marché, parcequ'on y a égard dans la taxe qu'on fait de leur pain. On régle cette taxe sur le prix moyen de leur emplette. On le leur taxe plus haut qu'il ne devroit être suivant le prix courant du froment, & plus bas qu'il ne le feroit, s'ils le payoient toujours fur le pied du grenier public. Le peuple ne perd rien à cela, au contraire ; parceque fi dans les bonnes années il paye la livre de pain un denier, ou un denier & demi de plus, il le regagne bien dans les mauvaifes, où il le paye beaucoup moins. D'ailleurs il en réfulte ce bien, que fon prix eft moins variant.

Cette opération nous paroît fi bonne à tous égards, qu'il feroit à fouhaiter, autant qu'il nous femble, qu'elle fût fuivie par-tout, foit que les Magiftrats fe chargeaffent eux-mêmes de l'exécution, foit qu'ils autorifaffent une Compagnie à la faire, fous leur infpection. Par-là, toute ville peut, fans qu'il en coûte rien, ni au peuple, ni à elle-même, avoir toujours en réferve autant de grain qu'il en faut pour nourrir fes Habitans une année entiere, jusqu'à ce que les circonstances l'obligent à se dégarnir. Et comme il n'y a point de famine absolue, avec cette réserve il y a de quoi soutenir beaucoup de mauvaises années consécutives.

Si le Gouvernement se chargeoit de faire tout le commerce de l'Etat, les peuples en seroient plus heureux, & le Gouvernement en même temps plus puissant.

Le meilleur seroit qu'un bon Gouvernement se chargeât lui-même de faire tout le commerce de l'Etat. Il auroit plus de facilité à le faire que nul autre. Quelles lumieres n'y puiseroit-il pas sur la force & les besoins des Peuples des différentes contrées qui dépendent de lui, sur le produit de chacune de ses Provinces, sur l'effet des diverses impositions? Outre les sommes qu'il retireroit comme Commerçant, quelle facilité pour asseoir, de la maniere la moins destructive, les impôts que les besoins l'obligeroient à lever, & pour trouver sur le champ les ſecours que des événemens imprévus lui rendroient néceſſaires ?

Cette propoſition de mettre le Gouvernement à la tête du commerce général de l'Etat, fera indubitablement récrier beaucoup de monde. Ainſi nous nous croyons obligés de répéter pour un grand nombre de Lecteurs, que nous ne parlons ici que d'un Etat iſolé, & que nous n'en raiſonnons que ſous un point de vue ſpéculatif. Car il eſt des perſonnes qui connoiſſent une différence entre les vérités bien démontrées & les vérités pratiques. Quant à ceux qui jugent des choſes ſur les notions nettes de leur nature & de leurs effets ; qui voient la poſſibilité & le degré de bonté de ce qui eſt, comme de ce qui n'eſt pas établi, nous ne croyons pas avoir rien à leur dire.

Je pourrois cependant m'appuyer ici de l'autorité des hommes les plus respectables. M. de Montesquieu dit, Liv. 4. Ch. 6. *Ceux qui voudront faire des institutions pareilles* (à celles de Crète, de Lacédémone & des Samnites), *établiront la communauté des biens, le respect pour les Dieux, la séparation d'avec les Etrangers, & la Cité faisant le commerce & non pas le Citoyen.*

Exemple d'un Etat où le Gouvernement faisoit tout le commerce tiré de l'Histoire ancienne.

Les Historiens nous disent que les Epidamiens, sentant leurs mœurs se corrompre par la communication avec les Barbares, élurent un Magistrat pour faire tous les marchés au nom de la Cité & pour la Cité.

Exemple de différentes branches du commerce mises en régie par les Gouvernemens de l'Europe.

Mais sans recourir à la spéculation & aux temps reculés, ne voyons-nous pas dans toute l'Europe les postes mises en régie par les Gouvernemens? Et qu'est-ce que les postes, si ce n'est une branche du commerce qui a pour objet les correspondances? Branche très-difficile à bien conduire, très-incertaine dans son produit, & qui, par sa difficulté, a forcé les Gouvernemens à s'en occuper, comme la difficulté du commerce des grains les avoit forcés depuis long-temps à s'en occuper aussi.

Le Gouvernement de France a mis en régie & avec impôt les commerces du sel, du tabac & de la poudre à tirer. Le Gouvernement de Russie fait tout le commerce intérieur des eaux-de-vie des pays de sa dépendance: commerce aussi difficile & aussi sujet aux fraudes & aux avaries, qu'il y en puisse avoir.

Le même Gouvernement de Russie fit proposer pendant le cours de la derniere guerre à une des Puiſſances belligérentes qui lui étoit Alliée, un traité de Commerce, par lequel il paroît qu'elle cherchoit à faire tout le commerce extérieur de ſes Etats. 

Si le Gouvernement n'entre pour rien dans le commerce qui ſe fait dans ſes Etats, il paroît qu'il ſeroit de ſon intérêt de conſulter les principaux Commerçans de chaque Province ſur les diverſes opérations qui concernent les contrées où ils habitent. Ce ſont ceux qui pourroient lui donner le plus de lumieres ſur leurs effets.

## ARTICLE IX.

### *Des différentes espéces de Commerce.*

Les Commerces les plus aisés par leur nature, sont les plus parfaits parmi nous.

ON peut dire que le Commerce est de différente nature, suivant la diversité des objets sur lesquels il s'exerce. Celui dont la matiére est la plus durable, la moins exposée aux avaries, la moins variable dans ses qualités, & qui se reproduit le plus uniformément, est évidemment celui qui est le plus facile, & qui doit se perfectionner le premier. Aussi voyons-nous par le peu de variation qu'il y a dans le prix des métaux, que leur commerce est le plus parfait. Celui des étoffes parviendroit à-peu-près au même point, sans les bizarreries de la mode.

Chap. VI.

Distinctions de différentes espéces de commerce considérées par rapport à leur utilité.

Le commerce différe encore suivant les objets sur lesquelles il s'exerce, en ce que, lorsqu'il porte sur des objets de luxe, le commerce est métier ou talent de luxe, & un métier ou talent nécessaire, lorsqu'il porte sur des objets de premiere nécessité. On sent ce qu'il peut y avoir de différence entre les commerces qui portent sur l'un ou sur l'autre de ces deux genres d'objets, & ce qui peut occasionner que le commerce de l'un parvienne plus facilement à sa perfection, que le commerce de l'autre. C'est encore la mode, ou autres goûts de caprice, ainsi que le plus ou le moins d'aisance d'une nation qui rendront le commerce des objets de luxe plus ou moins difficile, plus ou moins imparfait. L'autre genre de commerce n'aura certainement pas autant d'obstacles qui le traverseront.

Le commerce qui a pour objet les productions de l'agriculture, est le plus difficile de tous.

Mais le commerce qui porte sur les productions de l'agriculture, par l'inégalité de la fertilité annuelle, par la difficulté de conserver les denrées, par la différente qualité que donnent à la même denrée les différens sols qui la produisent, sera toujours le plus difficile de beaucoup.

Effet du taux de l'argent sur le commerce des productions de la terre.

Le commerce des grains, par rapport à la totalité de l'Etat, ne pouvant se faire qu'en formant des magasins, est celui dont la perfection dépend le plus du taux de l'argent. Plus le taux sera haut, plus il faut que l'on voie d'inégalité dans le prix du grain, pour engager à en faire des amas. Pour le peu qu'on refléchisse, on verra qu'il ne doit pas occasionner la même variation dans le prix des autres marchandiſes.

Une inégalité infinie, qui arrive par la viciſſitude d'abondance & de diſette des différentes années, fait qu'on ne peut jamais ſtatuer ſur rien en fait de productions de la terre. Si après des années peu fécondes, il en vient une abondante, chacun veut faire un magaſin de grains. L'abondance continue; on y perd; on n'en fait plus. Il y a toujours trop & trop peu de fonds à ce commerce. Toutes ces difficultés font que le miniſtère public eſt obligé d'y mettre la main.

CHAP. VI.

Dans l'état actuel des choſes, il y a toujours trop ou trop peu de fonds employés au commerce des grains.

## Article X.

*Examen des moyens que l'Angleterre emploie depuis longtemps pour prévenir la disette des grains & diminuer la variation de leur prix.*

On sçait que dans toutes les Villes, les Magistrats veillent à ce qu'elles soient approvisionnées de grains & à ce qu'on en apporte dans les marchés.

Méthode de l'Angleterre sur le commerce des grains.

En Angleterre, pour favoriser le commerce de grains & pour en rendre le prix plus fixe, le ministère donne à ceux qui en veulent exporter, lorsqu'il est à trop bas prix, une somme proportionnée à la quantité de leur exportation; & il paye de même ceux qui lui apportent du grain de l'Etranger, lorsque le prix en eſt trop haut. Nous avons toujours oui donner les plus grands éloges à ce réglement. Il eſt certainement ſage & utile. Et l'Angleterre vraiſemblablement lui doit, pour la plus grande partie, l'Etat floriſſant où ſon agriculture ſe voit actuellement. Il aſſure le ſort du Cultivateur. Tout Fermier ſçait à-peu-près ſur quoi compter. Au lieu que les nôtres incertains de la vente, comme de la récolte, craignent l'abondance, comme la ſtérilité, & ſe trouvent également ruinés par une ſuite de bonnes années, comme par une ſuite de mauvaiſes. Ce réglement aſſure d'ailleurs la tranquillité & la vie de tout le peuple. Mais ne ſeroit-il pas plus avantageux à cet Etat & au Miniſtere d'amaſſer en magaſin dans ſes différentes Villes tout le grain qu'il envoie aux Etrangers dans les années très-abondantes, pour les ressortir dans les années mauvaises, que d'établir ce mouvement extérieur, & de le faire aller & revenir ? Au moins la chose nous semble telle. Voici un calcul là-dessus qui nous paroît très-*probant*, & dans lequel nous croyons n'avoir rien omis de ce qui peut en rendre le résultat aussi assuré pour la pratique, que concluant dans la spéculation.

Calcul du profit que l'Angleterre trouveroit à emmagasiner son grain:

Il faut à-peu-près soixante & douze millions de mesures de froment, du poids de trente livres chacune, pour nourrir le Peuple des trois Royaumes qui sont sous la puissance Angloise. On supposera ici le prix moyen de la mesure de 2 liv. argent de France, & qu'on le laisse jouer de 36 sols à 44 sols, ensorte que le Gouvernement ne paye pour l'exportation ou l'importation que

quand

quand elle vient au-dessus ou au-dessous de ces deux termes, à raison seulement de 7 sols 6 deniers par mesure, ce qui est un peu au-dessous de la véritable somme que le ministère donne dans une année abondante ; la mesure tombant à 34 sols, il faut qu'il y ait eu d'exporté dix millions de mesures, pour la faire revenir à 36 sols ; & l'Etat ayant donné 7 sols 6 den. pour chacune, a payé trois millions soixante & quinze mille livres. Si au lieu de cela, on avoit mis ces dix millions de mesures dans des magasins répnadus dans les diverses Provinces, le prix de la mesure auroit de même remonté à 36 sols. Il n'étoit question pour opérer cet effet, que de les ôter des greniers des Cultivateurs. Le Gouvernement n'auroit point perdu les trois millions soixante & quinze mille livres qu'il a donnés, & ses magasins lui produiroient un bénéfice par la revente qu'il feroit de leur grain dans les années où il est cher.

En toute occasion, la régle est de compter sur l'année moyenne. Ainsi, on doit statuer que, dans l'année qui suivra celle de l'emmagasinement, la mesure de froment vaudra 40 sols. Le ministère alors faisant r'ouvrir ses magasins, la mesure baisseroit à 38 sols, & par leur revente on gagneroit au moins deux millions, qui, joints aux trois millions soixante & quinze mille livres qu'on auroit épargnés, feroient un profit de cinq millions soixante & quinze mille livres dans un an, pour un fonds de dix-sept millions cinq cens mille livres qui auroient été employés à l'emplette; c'est-à-dire, qu'on gagneroit à cette opération trente-trois pour cent, & plus. On voit qu'en défalquant ce qu'il y auroit d'avaries & de faux frais, il doit rester encore un bénéfice considérable.

En fait de commerce, on doit supposer que les accidens seront indifférens, que le hazard ne sera ni pour ni contre.

Si l'année d'abondance étoit suivie d'une autre d'une fertilité au-dessus de l'année moyenne, le profit seroit sans contredit moins fort. Mais en répétant l'opération toutes les fois que l'occasion le demanderoit, il est évident que l'on doit trouver des temps qui récompensent par le plus de profit, le moindre gain qu'on auroit fait dans l'autre. Ici la continuité d'abondance ou de stérilité est contre, & l'intermittence est pour.

L'Angleterre ne seroit pas embarrassée à trouver l'avance des fonds qu'il lui faudroit. On voit qu'ils sont peu considérables : & l'on peut, je crois, s'en rapporter

CHAP. VI.

à elle pour l'établissement d'une régie, où il y ait tout l'ordre, toute l'économie & toute la fidélité nécessaires.

Différence de la méthode des emmagasinemens à la méthode actuelle de l'Angleterre.

La différence de ces deux méthodes, quant à leurs effets, est que, par la premiere, l'excès du produit des années très-abondantes ne se reversantpas sur les autres années, le grain doit se trouver plus souvent au-dessus qu'au-dessous de son veritable prix moyen; ou, si l'on veut que nous exprimions la chose en d'autres termes, c'est qu'à raison de ce défaut de reversement, le prix moyen du froment augmente, & se trouve plus haut par la premiere méthode, que par la seconde. Ainsi la premiere conviendroit mieux à un pays où il y auroit beaucoup à défricher, & où l'on voudroit tourner l'esprit du Peuple à la culture des terres, ainsi qu'il convient actuellement à l'Espagne de le faire; l'autre conviendroit mieux à un pays qui est en pleine culture, comme on peut le dire de l'Angleterre.

Le prix moyen du froment doit toujours augmenter en Angleterre, ainsi que le prix moyen de toute autre chose.

Il nous semble que si l'Angleterre ne touchoit pas à son réglement, elle finiroit par s'en trouver mal. Le commerce étendu qu'elle fait, donnant continuellement une nouvelle augmentation à sa masse d'argent, le prix de toute marchandise & de toute main-d'œuvre doit y augmenter en même temps. Ainsi le prix moyen du froment doit toujours monter de plus en plus. S'il vient à 44 sols, l'importation se trouvera seule favorisée. On y apportera souvent du grain de l'Etranger, & l'on n'en exportera jamais: ainsi l'agriculture souffrira.

Si le prix moyen du fro-

Si l'on dit que, tant que la masse

CHAP. VI.

ment reste fixe en Angleterre, tandis que celui de toute autre choseaugmente, l'état des Cultivateurs serabientôt le pire de tous.

des grains de l'Angleterre suffira, année moyenne, à nourrir ses Habitans, il ne peut pas y avoir plus d'importation, que d'exportation, parceque l'excès des années d'abondance remplacera toujours le défaut des années stériles, on ne peut pas nier au moins que, dans cette supposition, le prix moyen du froment resteroit fixe, tandis que le prix de toutes les autres choses augmenteroit. Il arriveroit de-là que l'état du Cultivateur se trouveroit bientôt le plus mauvais de tous les états : ce qui feroit baisser leur nombre, & diminueroit leur ardeur au travail.

Inconvénient auquel les Anglois s'exposent en suivant leur méthode:

Suivant le réglement dont je parle, l'Angleterre doit être de tous les pays de l'Europe, celui où il y a le moins d'amas de grains. Ainsi, s'il survenoit une stérilité considérable qui s'étendît au loin, ce feroit le Royaume qui en fouffriroit le plus.

La méthode d'Angleterre forme des Matelots.

On peut dire que ce mouvement de grains de l'Angleterre à l'Etranger, & de l'Etranger à l'Angleterre, occupe & forme des Matelots. Mais cette raifon qui peut être de quelque valeur pour un Etat qui, prefque fans marine, chercheroit à habituer fes Sujets par de petits voyages au commerce des mers, ne peut être pour l'Angleterre qu'un motif de plus pour changer fa méthode. Elle ne peut employer des Matelots à des tranfports inutiles, fans gêner fon commerce, & fans en diminuer l'étendue.

## ARTICLE XI.

### Du Crédit.

Le crédit ruine le commerce.

ON dit que *le Crédit est l'ame du commerce :* pour nous, nous pensons, qu'il en est la ruine. Cette proposition paroît sans doute extraordinaire ; nous avons presque toujours entendu soutenir le contraire. Mais je demande à ceux qui le soutiennent de quel crédit ils entendent parler. Ce n'est vraisemblablement pas du crédit du Particulier à Marchand. Il me paroît tout entier à la charge du commerce, puisqu'il en diminue les fonds.

Examen des raisons par lesquelles on cherche à établir l'utilité du crédit.

On ne peut pas dire que la facilité d'acheter à crédit augmente la consommation. Qu'un homme, dépensant toujours d'avance une année de son revenu, fasse attendre tout ce temps au Marchand pour la rentrée de son dû ; ou qu'un autre encore plus dérangé, dissipant au-delà de ses facultés, fasse souffrir le Marchand, jusqu'à ce qu'il se voie forcé à vendre ses terres, la consommation & le débit toujours proportionnés aux richesses & aux passions, ne sont pas plus grands que si ces deux hommes avoient attendu pour acheter, l'un l'échéance de ses rentes, l'autre la vente de ses biens. Si l'on veut qu'il en soit dans le fait autrement que nous le pensons : si l'on veut que le crédit engage à la dépense, alors c'est évidemment un mal de plus encore que le crédit occasionne. Il seroit inutile de travailler à le prouver.

Ce seroit plutôt le crédit que le Marchand trouve chez le Négociant, qu'on pourroit donner

CHAP. VI.

pour être de quelqu'utilité au commerce. Par-là, un homme qui n'a que dix mille livres de fonds, fait ſouvent des affaires pour cent mille livres & au-delà. Mais ſi on y fait attention, on trouvera de même que ce crédit eſt encore nuiſible dans tous les ſens. Car ſi le Marchand qui a du crédit fait travailler plus de fonds, celui qui les lui avance, en manie exactement d'autant moins que le premier en reçoit davantage. Si le Négociant qui a fait venir pour cent mille écus de ſucre & de café de Saint-Domingue, en recevoit l'argent en les livrant, certainement ſon commerce en iroit mieux.

Les papiers de commerce ne ſont pas de vrais fonds, mais ils repréſentent une partie des fonds de celui qui les a faits

On dit encore que *le crédit eſt l'origine des papiers courans, & que ces papiers augmentent conſidérablement la maſſe totale des fonds qui ſont dans le commerce*. Mais ces papiers ne ſont point de vrais fonds ; le riche Négociant ne peut se servir de ce qu'il reçoit de papiers, qu'en les endossant : ensorte que c'est plutôt un papier qu'il se fait à lui-même, qu'un moyen de crédit qui lui soit donné par le Détailleur.

Le crédit est visiblement la cause unique de toute banqueroute.

De quelque côté que le crédit puisse s'envisager, on voit qu'il est évidemment la source de toutes les banqueroutes frauduleuses, & de presque toutes les autres. Il met le Négociant en danger. En le privant pour un temps de ses fonds, il l'oblige à en tirer un plus fort intérêt dans la vente; il fait donc renchérir toutes les marchandises; & leur prix haussera toujours d'autant plus, qu'il y en aura davantage.

Preuve de l'inanité du crédit.

Une raison qui paroît sans replique, c'est qu'à ne considérer que deux personnes, si le crédit

CHAP. VI.

eſt réciproque, il eſt viſiblement nul. Si l'une le fait ſeule, il fera autant de tort à celui qui le fait, que d'avantage à celui qui en jouit. Que l'on conſidére tel nombre de perſonnes qu'on voudra; qu'on conſidére enſemble tous les Citoyens d'un Etat ou du monde, on verra toujours que le crédit ne peut avoir d'autres effets.

Le crédit renchérit toutes les marchandiſes.

Il faut que tous les honnêtes gens payent pour toutes les friponneries des Banqueroutiers & des Eſcrocs. A conſidérer la totalité des marchandiſes ſans le crédit, on auroit tout au moins à quinze pour cent de meilleur marché, & c'eſt dire trop peu.

Concluſion de ce Chapitre.

Nous trouvons trois ſortes de conditions dans le commerce, celle de Négocians, celle de Marchands ou de Détailleurs, & celle de Voituriers. La claſſe de ces derniers, doit ſe rapporter dans l'état à celle des gens de main-d'œuvre & des Cultivateurs; les seconds sont de la classe des Bourgeois; & les premiers me paroissent être de la même condition que les Gentilshommes. La fonction des Gentilshommes, est d'établir l'ordre & de travailler au bien du peuple. Ils n'ont dû être élevés au-dessus de lui, que pour cela. Leur prérogative, est d'avoir sous eux des gens qui exécutent: c'est-là l'essence de leur état. La prérogative de l'état de Négociant, ne paroît-elle pas semblable? Le Gentilhomme & lui n'ont-ils pas dans leurs travaux le même but? N'y vont-ils pas par des moyens de même nature?

Nous croyons être dans l'obligation d'avertir, en finissant ce Chapitre, que loin de souhaiter qu'on reduise en pratique ce que nous avons dit au sujet du crédit, de la régie univerſelle du commerce, nous ſentons qu'aucun Etat de l'Europe ne pourroit le faire, ſans en ſouffrir les plus grandes pertes dans les premiers momens. En ſupprimant le crédit, on mettroit ſans reſſource une multitude de perſonnes à qui le crédit eſt dévenu néceſſaire : gens dont la plupart n'ont pas intention d'en abuſer, & qui ſe ſont arrangés ſur le crédit, parcequ'ils ont trouvé le crédit établi par tout.

En mettant le commerce en régie, on priveroit de leur état & de leur fortune près d'un dixieme des Citoyens ; l'une & l'autre de ces opérations, mettroient une quantité de perſonnes au déſeſpoir, & cauſeroient les plus grands mouvemens dans l'Etat. Nous reconnoiſſons en mille occaſions dans cet Ouvrage, que tous les mouvemens qui ſe font dans un Etat, ſont deſtructeurs. C'eſt une vérité que nous rappellons chaque moment, & que nous nous ſommes attachés à faire ſentir plus que toute autre. Nous convenons des obſtacles ; mais nous croyons en même temps qu'on ne pourra s'empêcher de convenir avec nous, que ſi les choſes ſe trouvoient établies telles que nous les avons dites, il en réſulteroit le bien général. Il ſemble même qu'on l'ait déja reconnu parmi nous. Toutes les nouvelles entrepriſes ne ſont guère que de nouvelles branches de commerce qu'on cherche à mettre en régie ; on le reconnoiſſoit encore mieux au Pérou avant ſa conquête : les Incas y avoient réaliſé la plupart des ſpéculations que j'ai faites.

# CHAPITRE VII.

## *Du taux de l'argent & du prix des terres.*

### ARTICLE PREMIER.

*L'argent n'a de taux, les terres n'ont de prix qu'à proportion du bénéfice qu'on trouve dans les entreprises d'agriculture & de commerce.*

Le taux de l'argent & le prix des terres ayant la même cause, ont les mêmes vicissitudes.

LE taux de l'argent & le prix des terres, se déterminent par les mêmes causes, & se suivent exactement dans leurs phases.

A considérer la chose purement en son essence, on ne voit rien qui puisse déterminer la grandeur du taux de l'argent.

A considérer la chose en elle-même, on ne voit rien qui puisse rendre éternelle la dette d'un emprunteur. Vous me prêtez cent mesure de froment: je vous en rend cinq chaque année. Au bout de de vingt ans, vous avez tout reçu. Vous avez même tiré de moi cet avantage, d'avoir vos fonds fidélement conservés. Nous devons être quittes. S'il faut que, vous payant continuellement, je vous reste toujours également redevable, dois-je vous donner par année le cinq, le dix ou le trois pour cent de l'emprunt ? On ne voit rien dans la chose qui le détermine.

De même, j'ai une terre qui, année moyenne, me rapporte cinq mesures de grains. Vous la céderai-je à perpétuité pour cent mesures ? ou en vaut-elle deux cens ? la raison ne paroît rien dire là-dessus. C'est donc dans les circonstances des lieux & des temps, que l'on doit chercher des principes pour résoudre cette question.

Si l'argent qu'on donne à un Emprun-

Si le froment que j'emprunte, ou l'argent qui le représente, ne

CHAP. VII.

teur lui produit de nouvelles richesses, il paroît juste qu'il en faille part à celui qui lui a fourni les moyens de les acquérir.

pouvoit servir qu'à une consommation morte, le prêt ne pourroit point avoir de taux. Dès que j'aurois tout rendu, sans aucune considération du temps que j'aurois mis à solder, je serois quitte. Telle est la nature des simples prêts qui se font entre gens qui ne commercent pas. Les terres seroient toutes d'un prix inestimable, & ne pourroient s'aliéner que pour un temps. Mais si les fonds que je reçois peuvent me servir à faire des entreprises fructueuses qui les multiplient continuellement dans mes mains, il est naturel que le Prêteur, dès qu'il connoîtra bien leur nature & leur produit, exige que, tant que son argent me restera, je lui céde une partie du bénéfice que cet argent me peut rendre, & qu'il pourroit en retirer lui-même. Il est plus naturel encore que je la lui accorde.

Ces entreprifes, à parler généralement, ne peuvent porter que fur deux chofes, l'agriculture & le commerce. Elles porteront fur ce dernier, par l'établiffement des Manufactures & *Ufines*, par le tranfport & emmagafinement des marchandifes. Elles porteront fur l'autre, par le défrichement des terres, par l'amélioration de celles qui font en culture, par l'engrais & par la nourriture du bétail.

Plus l'Emprunteur trouve de bénéfice dans l'emprunt, plus il doit en donner au Prêteur.

Si le profit qu'on trouve dans les entreprifes a donné lieu à l'établiffement du taux de l'argent, il doit être d'autant plus grand, que l'on y trouve plus de bénéfice, à les confidérer dans leur totalité. Ainfi, dans tout Pays, plus il y aura à gagner au commerce & dans la culture des terres, plus le taux de l'argent doit être haut.

CHAP. VII.

Les faits ont toujours été d'accord avec les principes qui viennent d'être établis.

On voit par-tout que, plus une nation eſt commerçante, plus le taux de l'argent y eſt bas. C'eſt parceque plus le commerce eſt étendu & parfait, moins il y a d'inégalité dans les prix d'une même choſe; moins conſéquemment on trouve de profit dans les entrepriſes du commerce, moins on y gagne à miſes égales.

Dans les Pays dévaſtés par quelques fléaux, comme peſte, guerre ou famine, quoique ſouvent la maſſe d'argent n'y ait pas à beaucoup près diminué proportionnellement au nombre des Habitans, on voit d'abord l'intérêt de l'argent monter prodigieuſement haut. Une des cauſes qui produit cet effet, c'eſt que l'agriculture & le commerce s'y trouvent néceſſairement en très-mauvais état, & qu'en conſéquence il y a de très-gros profits à faire dans les opérations que l'on peut entreprendre ſur ces parties. L'intérêt de l'argent n'y baiſſe, peu-à-peu, qu'à meſure que le commerce & l'agriculture s'y rétabliſſent & s'y étendent.



Plus le commerce eſt imparfait, plus le taux de l'argent eſt haut, & réciproquement plus le taux de l'argent eſt haut, plus le commerce ſouffre & a de peine à ſe perfectionner.

L'agriculture & le commerce d'une part, & de l'autre le taux de l'argent, ont un effet réciproque l'un ſur l'autre. Si un commerce & une agriculture mal entendus & trop reſſerrés ſoutiennent très-haut l'intérêt de l'argent; cet intérêt auſſi, quand il eſt haut, eſt un obſtacle à l'étendue & à la perfection de l'agriculture & du commerce. Mais il n'eſt pas difficile de diſtinguer la cauſe de l'effet. Dans toutes les variations qui arrivent à ces choſes, le mouvement commence toujours à ſe faire dans le commerce & dans l'agriculture.

## ARTICLE II.

### *La grandeur du taux de l'argent ne dépend point de la quantité plus ou moins grande qu'il y en a dans un Etat.*

LA masse d'argent plus ou moins grande qui se trouve dans un Etat, si on la regarde comme fixe, n'influe en rien sur le taux de l'argent. Pour sentir cette vérité, il n'y a qu'à supposer que tous les emprunts se fassent en marchandises.

Que l'argent soit commun ou rare, il n'y a que le profit qu'il procure, qui puisse en déterminer le taux.

Je trouverai sans doute plus aisément à emprunter une quantité déterminée d'argent dans un Pays où il est commun, que dans un Pays où il est rare. Mais si dans celui où il y en a peu, je ne retire, dans mes entreprises, que le même intérêt de mes fonds; si, par exemple, je ne trouve également dans tous les deux que le quinze pour cent de bénéfice, je ne puis pas, dans un de ces Pays, rendre ſur les ſommes que j'emprunte, un plus fort intérêt que je n'en rendrois dans l'autre.

Je ſuis fâché de me trouver auſſi formellement en contradiction avec M. de Monteſquieu ſur le principe que je viens d'avancer. Suivant la maniere ordinaire de décider des choſes, j'ai lieu de craindre qu'on ne juge de ma propoſition, plutôt ſur la réputation de cet homme célèbre, que ſur ce qu'elle a de vrai en elle-même. Mais comme elle découle de principes inconteſtables, ou plutôt comme elle eſt évidente par ſon ſeul énoncé, & qu'elle s'accorde parfaitement avec tous les faits, j'ai cru ne pouvoir pas me diſpenſer de l'expoſer ici.

CHAP. VII.

Réfutation du sentiment de M. de Montesquieu sur le taux de l'argent.

M. de Montesquieu veut que la quantité plus ou moins grande de l'argent soit la véritable régle de son taux. Il ne parle absolument d'aucune autre cause, qui puisse le faire varier. Il n'en donne pour preuve que le fait arrivé en Espagne, où l'intérêt de l'argent baissa après l'arrivée des trésors de l'Amérique, & que son baissement successif dans tous les Etats de l'Europe, à mesure que la masse d'argent s'y est accrue. Mais le premier fait ne prouve rien ; puisque, suivant le principe que j'ai avancé, on peut croire avec plus de raison, ce me semble, que le taux de l'argent diminua en Espagne, non parcequ'il y en avoit une plus grande quantité, mais parceque sa masse avoit fait un mouvement, & parcequ'elle se trouva trop subitement augmentée.

Le

Le baissement du taux qui a suivi par-tout l'augmentation de la masse d'argent, ne prouve pas non plus assez ce que M. de Montesquieu a en vue, puisqu'on peut l'attribuer à l'accroissement du commerce, qui a précédé par-tout l'augmentation de la masse d'argent.



Je vais emprunter cent mesures de froment : dois-je, en gardant toujours la même dette, en donner cinq de profit chaque année, ou dois-je en donner dix ? Voilà toute la question sur le taux de l'argent : question où l'on voit que sa quantité plus ou moins grande, ne peut être d'aucune considération.

Suite de la réfutation.

Tout le monde convient que toutes les marchandises haussent de prix, à mesure que la masse d'argent augmente. De cette sorte, que l'argent soit rare ou commun, il doit m'être par-tout également difficile d'emprunter la valeur de dix mille meſures de froment, ſi je veux commercer en grains; parceque le prix de ces dix mille meſures ſera toujours une portion ſemblable de la maſſe totale de l'argent. Dans un Pays où l'argent ſera commun, le prix de dix mille meſures de froment ſera une ſomme conſidérable; & ce que j'aurai à payer en empruntant, par exemple au denier vingt, ſera d'autant plus grand, que cette ſomme ſera plus forte. Dans un Pays où l'argent ſera rare, ce même prix ne ſera qu'une petite ſomme; & ce que j'aurai à payer, en l'empruntant au même *fûr*, ſera petit. Voilà toute la différence qu'il doit y avoir: le taux ne doit pas en être changé.

Suite de la réfutation.

Il eſt des Pays où il eſt auſſi difficile de trouver mille livres à emprunter, que d'en trouver dix mille dans d'autres. Mais cela ne doit rien faire ſur le taux; parceque ſi je ne trouve à emprunter que mille livres, je n'aurai que cinquante livres d'intérêt à payer par année. Si ailleurs j'en emprunte dix mille, il me faudra payer cinq cens livres d'intérêt. Or ſi, par l'état des choſes dans ces différens Pays, j'ai trouvé une peine égale à emprunter chacune de ces deux ſommes, je dois auſſi avoir une peine égale à payer chacun de ces deux intérêts.

Mais ſi dans un de ces deux Pays je n'ai que peu de concurrens dans mon commerce, alors mon gain, comparé à ma miſe, étant plus grand, je pourrai rendre un plus fort intérêt de l'argent que j'emprunterai. Le Prêteur même aura droit de l'exiger, s'il voit que ce gain considérable se trouve dans le plus grand nombre des entreprises, & qu'il dépend plus de l'état des choses, que de mon industrie.

## Article III.

### *Si la masse d'argent augmente ou diminue sensiblement dans un Etat, elle y fera changer le taux de l'argent.*

Si la masse d'argent augmentoit tout-à-coup considérablement dans un Etat, le taux de l'argent y baisseroit sensiblement & sur le champ ; parceque les marchandises n'augmenteroient pas d'abord de prix proportionnellement à l'augmentation arrivée dans la masse d'argent. L'équilibre, dans leur valeur réciproque, comme dans tout le reste, ne s'établissant que peu-à-peu, la masse d'argent qui se trouveroit dans l'Etat, représenteroit donc plus de marchandises qu'auparavant. De cette sorte, comme les entreprises du

Si la masse d'argent qui est dans un Etat représente plus que la totalité des marchandises, on trouvera plus facilement à emprunter.

commerce & les demandes des Emprunteurs, qui se mesurent toujours sur le prix des marchandises, resteroient à-peu-près les mêmes, & ne seroient plus proportionnées à la masse d'argent, il y auroit plus de Prêteurs, que d'Emprunteurs: le taux de l'argent diminueroit.

Ce qu'on doit entendre ici par Emprunteur.

Je crois devoir faire observer ici, pour éviter toute espéce d'équivoque, que sous le nom d'*Emprunteurs*, je n'entends pas comprendre tous ceux qui souhaiteroient pouvoir emprunter, mais seulement ceux qui sont dans le cas de trouver les emprunts qu'ils demandent, soit parcequ'ils ont de quoi en répondre, soit parcequ'ils ont des entreprises propres à inspirer de la confiance. En fait de demandes d'argent, on ne doit compter que celles des gens solvables, de même qu'en fait de toute autre marchandiſe, on ne compte dans le commerce que les demandes de ceux qui achetent, ou ſi l'on veut, de ceux qui ont de quoi payer. En prenant la choſe dans ce ſens-là, qui eſt ſon ſens naturel, on ne diſputera pas qu'il n'y ait ſouvent plus de Prêteurs, que d'Emprunteurs. Nous en voyons fréquemment des exemples parmi nous. Combien de fois les Notaires ont-ils entre leurs mains des ſommes conſidérables, qui leur reſtent long-temps, parcequ'il ne ſe trouve point d'Emprunteurs qui les demandent?

Plus l'argent eſt commun, moins l'intérêt qu'on en donne doit être fort.

Dans le cas dont je parle, on peut conſidérer l'argent comme une marchandiſe, dont l'intérêt eſt le prix. Plus cette marchandiſe eſt commune, plus ſon prix doit baiſſer. Ceci n'eſt point en contradiction avec ce que j'ai dit plus haut, que la grandeur de la masse d'argent ne devoit point influer sur son taux. Alors je considérois cette masse comme fixe : ici je la considére dans un mouvement d'accroissement. On sçait qu'une marchandise n'est point appellée commune ou rare, suivant la quantité réelle qu'on en a, mais suivant la proportion de sa masse, au nombre des Acheteurs & à la quantité de leurs demandes. Ainsi, que la masse fixe de l'argent dans un Etat, soit grande ou petite, il n'y est ni plus, ni moins rare. La raison en est que la somme des demandes étant toujours déterminée par le prix des marchandises, elles sont toujours proportionnées à la masse d'argent, dès que leurs prix respectifs s'y sont ajustés. Il n'en est pas de même avant que cet équilibre de valeur se soit établi.

Au contraire, si une partie de la masse d'argent vient à disparoître tout-à-coup dans un Etat, la valeur des marchandises ne baissant pas d'abord à proportion du plus de rareté réelle de l'argent, son taux doit augmenter. Alors il y aura plus de demandes que d'argent. Ce dernier sera rare dans le sens du commerce.



Si l'argent devient rare, le taux doit augmenter.

Si une exploitation de mines d'or & d'argent, fournissant toujours à un Etat plus de ces métaux qu'il ne s'y en détruit par l'usage, ou qu'il n'en perd d'ailleurs, augmente continuellement la masse de ces espéces, les marchandises, ne montant pas toutes d'abord à l'augmentation de prix qu'elles devroient avoir, eu égard à l'accroissement de la masse d'argent, les espéces y seront toujours communes. Il y aura toujours plus d'argent qu'il n'en faut,

Moins on paye d'intérêt de l'argent qu'on emprunte, plus on doit trouver de profit dans les entreprises qu'on fait au moyen des emprunts; plus il doit s'y en faire de nouvelles plus conséquemment l'agriculture & le commerce doivent s'augmenter & se perfectionner.

CHAP. VII.

eu égard au prix des marchandises. Il y aura plus de Prêteurs, que d'Emprunteurs, & le taux de l'argent sera toujours un peu plus bas qu'il ne devroit être, par rapport au profit général des entreprises. L'accroissement de l'agriculture & du commerce, en sera considérablement facilité. On les verra bientôt dans un état très-florissant, si les Loix ne les gênent à d'autres égards.

Avantage des terres sur les rentes.

Dans tout Etat, dont la masse d'argent reçoit un accroissement continuel & successif, l'argent employé à acheter des terres, doit rendre un intérêt moins fort que l'argent aliéné sur contrat. La raison en est, que le produit des terres ne varie pas naturellement; au lieu que celui des rentes, quoique toujours numérairement le même, baisse cependant continuellement dans la réalité, par l'augmentation de valeur de toutes les denrées & marchandises.

Si je prête à Paul deux mille francs, le prix moyen du boisseau de froment étant à quarante sols, c'est mille boisseaux que je lui prête. Il me rendra cent livres par an, qui sont la valeur de cinquante boisseaux. Cinquante ans après, la masse d'argent ayant doublé, le prix du boisseau se trouve de quatre livres. Il ne me doit plus qu'un capital de cinq cens boisseaux, & ne me paye plus que vingt-cinq boisseaux d'intérêt. Si au lieu de lui prêter, j'avois trouvé à acheter une terre du produit de cinquante boisseaux, les cinquante boisseaux me resteroient en entier. Ma terre, après le doublement de la masse d'argent, me rendroit numérairement deux cens livres cha-

CHAP. VII.

que année, au lieu que ma rente ne me rapporte toujours que la même somme de cent livres.

Réponse au prétendu désavantage des terres.

Les terres n'ont aucun désavantage ; il est visible qu'on ne doit point compter les détériorations qui peuvent leur arriver, parceque si les terres peuvent se détériorer, elles peuvent aussi être améliorées. On ne doit point compter ce qui s'appelle *orvale*, ou mauvaises années, parcequ'il n'est question ici que d'année moyenne. D'ailleurs, les contrats ne sont-ils pas sujets aussi à mille événemens qui en anéantissent la valeur ?

Unique avantage des contrats sur les terres contre-balancé & au-de-là par le désavantage qu'ils ont de baisser de valeur, lorsque le Gouverne-

Si les contrats ont cet avantage, qu'ils paroissent mieux représenter l'argent, parcequ'étant portatifs, ne demandant aucun soin, & ayant une valeur sur laquelle on ne peut pas se méprendre, ils conviennent à tout le monde : les terres ont cet avantage aussi, que les opérations sur les monnoies, qui font souvent perdre aux contrats une partie de leur valeur, leur sont entiérement indifférentes.

CHAP. VII. ment baisse les monnoies.

Si par quelque cause que ce soit, la masse d'argent diminue continuellement dans un Etat, on voudra trouver un plus fort intérêt de son argent, en l'employant à l'achat des terres, qu'en le mettant en rente ; parceque le produit de ces dernieres augmente réellement d'année à autre, par le baissement continuel de prix qu'éprouvent les denrées. L'argent sera toujours rare dans cet Etat. Tout y souffrira, & tout ira plus mal encore, si l'on veut empêcher le taux de l'argent de hausser à proportion de sa rareté.

Si l'argent est rare dans un Etat, si son taux augmente, il se fera moins d'entreprises, l'agriculture & le commerce souffriront.

On peut voir à ce sujet le mauvais effet des Loix que plusieurs

CHAP. VII.

Empereurs Romains firent pour empêcher le taux de l'argent d'augmenter, lorſqu'à la décadence de l'Empire, l'argent devint rare dans leurs Etats.

La variation du produit des contrats, fait voir que c'eſt ſur le produit des terres, comparé à leur prix, qu'on doit compter, pour avoir le vrai taux de l'argent.

## ARTICLE IV.

### *De la fixation du taux de l'argent.*

La fixation du taux de l'argent par la Loi, est une véritable taxe; l'usure consiste à l'outre-passer.

La fixation du taux est une véritable taxe de l'argent.

Cette taxe, qui a toujours les plus grands effets, est plus difficile qu'aucune autre à bien établir. Il est très-difficile encore d'obliger à la suivre, ceux qui consentent de prêter.

Premiere raison contre la taxe de l'argent, ou si l'on veut, contre la fixation du taux.

On a vu que ce qui facilite singuliérement les Magistrats dans la manutention des taxes qu'ils établissent sur les denrées ou autres choses, c'est que le commerce de tout ce qu'ils taxent est en quelque sorte en régie, se faisant dans tous les lieux par un seul Corps. Il n'en peut pas être de même du commerce de l'argent: il ne peut pas être confié à un Corps particulier.

Seconde raison contre la taxe de l'argent.

On ne taxe jamais une denrée; & l'on ne peut raisonnablement la taxer, qu'après s'en être assuré une provision suffisante, & après avoir indiqué au Public des magasins ouverts où il en trouvera. En vain voudroit-on exiger que le Marchand donne à bon marché, si on ne le force en même temps à étaler, & à livrer sa marchandise à tous ceux qui la lui demandent. L'objet des taxes, est d'assurer chaque Citoyen qu'il trouvera en tout temps telle quantité qu'il souhaitera de la denrée taxée, sans contestation sur le prix, & sans difficulté sur la livraison. Si on n'obligeoit pas à livrer, la taxe seroit évidemment illusoire. Or voilà par où péche sur-tout la taxe de l'argent.

Il

Il ne peut y avoir de Marchands qu'on oblige à en livrer : chaque Possesseur de cette sorte de marchandise, étant le maître de livrer ou de ne pas livrer, paroît devoir conséquemment rester le maître de lui donner le prix qu'il veut.

En livrant une marchandise taxée, on reçoit quelque chose de réel & d'une valeur connue; en livrant son argent on ne reçoit rien, on donne une valeur réelle pour une espérance de profit : espérance qu'on ne voit que trop souvent déchue. Mais le systême de taxer l'argent a été adopté en plus d'un endroit, & sa taxe a lieu parmi nous : examinons les principes sur lesquels on la doit régler.

Lorsque la taxe de l'argent est trop basse, l'usure augmente & tout languit.

Si la taxe de l'argent est trop forte, elle fera peu de mal. L'argent se baissera naturellement de lui-même. Si cette même taxe est trop baſſe, on ne voudra plus prêter. Il en réſultera un ſerrement d'argent, qui rallentira tous les mouvemens, & qui fera tout languir. On ne trouvera plus à emprunter qu'à une uſure criante. Outre l'intérêt de l'argent, il faudra payer pour le danger où ſe met l'Uſurier, par l'infraction de la loi, & pour la honte dont il ſe couvre par ſon commerce ſordide. Cette taxe ne peut être ni équitable, ni avantageuſe, ſi elle ne varie ſuivant les temps, les occaſions du prêt, & le danger que peut courir le Prêteur.

Dès que la guerre commence, on n'entend parler que du reſſerrement des bourſes. C'eſt que, pendant la guerre, le taux naturel de l'argent, eſt plus fort qu'en temps de paix ; & comme ſa taxe reſte la même, elle ſe trouve trop baſſe, & l'on ne prête plus.

Il y a deux taux différens en France.

Il y a parmi nous le taux de la loi, & le taux du commerce. Ce dernier eſt plus fort que l'autre. On l'exige en fait de commerce, quoique les fonds que l'on avance ne courent abſolument aucun danger. On ne peut le voir plus clairement, que dans l'eſcompte que les Commerçans ſe retiennent les uns aux autres, lorſqu'ils payent avant l'échéance les billets qu'ils ont faits eux-mêmes, ou les lettres de changes que l'on a tirées ſur eux.

Comme c'eſt le profit qu'on retire des entrepriſes qui a donné lieu au taux de l'argent, il doit y avoir différens taux, ſuivant la différente nature des entrepriſes pour leſquels on le donne.

Il paroît qu'il devroit être permis aux Prêteurs de prendre des intérêts plus

Eu égard à la différente nature des entrepriſes, & aux dangers plus ou moins grands que courent ſouvent les Prêteurs ; la taxe

CHAP. VII. ou moins fort de l'argent qu'ils prêtent, ſuivant les riſques qu'ils courent en prêtant.

de l'argent devroit être ſemblable à celle qui ſe fait pour le vin dans une certaine Province du Royaume. On y taxe cette denrée, mais on ne contraint perſonne à en livrer au prix taxé. Ce n'eſt qu'une eſpéce de prix moyen de cette même denrée, dont on avertit le Public pour l'éclairer dans ſes marchés. Auſſi cette taxe varie-t-elle chaque année, ſuivant l'abondance & la qualité de la récolte ? Si l'on faiſoit de même pour l'argent, qu'on ne fît qu'indiquer ſon taux moyen, ſans prétendre contraindre perſonne à s'y borner ; qu'il n'y eût ni danger, ni honte à l'outre-paſſer, il y auroit bien plus de bourſes ouvertes : les Uſuriers ſeroient de beaucoup moins âpres : il ſe feroit beaucoup plus d'affaires : les malheureux enfin trouveroient ſans comparaiſon plus de reſſources pour travailler & pour exercer leur industrie.



On n'ignore pas que l'usure est un peu tolérée dans toutes les grandes Villes ; si elle étoit totalement permise, on trouveroit à emprunter à bien meilleur marché.

Au reste, l'usure est maintenant tolérée en tant d'endroits, qu'il semble qu'on ait reconnu par-tout une sorte d'abus à la fixation du taux, & qu'on se répente à la fin d'avoir mis une taxe à la chose du monde qui en est la moins susceptible.

Loi singuliere portée en France pour arrêter l'usure.

Je ne puis m'empêcher de parler ici d'une de nos Ordonnances sur l'usure, qui me paroît tout-à-fait étonnante. Un de nos Rois voyant que tout ce qu'on avoit fait jusqu'à lui, contre les Usuriers, n'avoit servi qu'à rendre les usures plus criantes, & qu'à faire resserrer l'argent, porta une loi par laquelle il condamnoit à des peines afflictives, non-seulement celui qui prêtoit, mais encore celui qui empruntoit à usure. Si son intention étoit de rendre vaines toutes les peines portées contre les Usuriers, en les délivrant de tous ceux qui pouvoient donner des preuves de leurs délits, & qui pouvoient s'intéresser à ce qu'ils fussent punis, à la bonne heure ! mais il me semble que dans ce cas, il auroit été plus digne de la majesté du trône, de les annuller nettement. Si ses vues étoient au contraire de rendre par-là l'usure plus difficile, on ne pouvoit pas aller plus directement contre son but.

Il est du bien général de favoriser toujours les Créanciers.

Moins les loix seront favorables aux Créanciers, plus le taux de l'argent augmentera, plus tout ira mal. Il faudra ajouter à l'intérêt que l'argent doit naturellement rapporter, le danger que l'on court, la lenteur & l'incertitude du payement.

Exemple du mauvais effet des loix qui fa-

Pour favoriser les Créanciers dans les cas de commerce, on a établi la justice Consulaire, & l'on s'en trouve bien. On faisoit à tous momens de nouvelles loix en faveur des Débiteurs chez les les Romains, dans les temps de la République. Il étoit même question très-souvent d'abroger toutes les dettes. Il en résulta que le taux de l'argent y fut toujours excessivement haut. Ciceron nous dit que de son temps on exigeoit ordinairement à Rome le trente & trente-quatre pour cent d'intérêt, & le quarante-huit pour cent dans les Provinces. On remarquera que dans ce temps, il y avoit dans Rome une quantité d'argent immense.

CHAP. VII. vorisent les Débiteurs.

Principe par lequel on peut connoître quand il faut hausser le taux de l'argent.

Si dans un Etat où la masse d'argent augmente, on trouve dans l'achat des terres un intérêt aussi fort de son argent, que celui qui est fixé par la loi pour le prêt, c'est une marque certaine que le taux eſt fixé beaucoup trop bas. On doit être aſſuré qu'on ne trouve plus que très-difficilement à contracter au taux preſcrit ; car on aimeroit mieux contracter, que de vendre. Le plus grand nombre des prêts doit s'y faire à uſure. Ce ſeroit faire un grand bien alors que de hauſſer la taxe de l'intérêt.

Il en eſt des différentes Provinces d'un État, comme de l'Etat entier. Si l'argent paſſe d'une Province à l'autre, celle qui recevra, deviendra floriſſante : & celle qui perdra, tombera en langueur. Le taux de l'argent doit augmenter dans celle-ci, & baiſſer dans la premiere.

Paris ruine les Provinces ; parceque l'argent des provinces vient toujours se perdre dans Paris.

Tout le monde dit que Paris ruine les Provinces. Rien n'eſt plus vrai, puiſqu'il attire continuellement leur argent. Par-là les Provinces tombent en langueur,

&

& Paris augmente sans bornes sa population & son étendue. Le trop de monde qui s'y rassemble, produit encore un autre mal, comme nous l'avons vu dans un Article particulier du Chapitre précédent.

Exemple de l'effet que produit l'augmentation, ou la diminution de la masse d'argent dans un Pays.

On ne peut voir plus sensiblement l'effet que produit chez un peuple l'augmentation ou la diminution de la masse d'argent, qu'en comparant Paris à la Franche-Comté. Dans cette Province, où il ne rentre pas autant d'argent qu'elle est obligée d'en faire sortir de chez elle, sur-tout en temps de guerre ; c'est-à-dire, où la masse d'argent décroît, on trouve très-souvent à acheter des fonds qui rapportent le 6 & même le 7 pour cent de ce qu'ils coûtent. Il est extraordinairement difficile de trouver à emprunter en donnant les plus sures garanties, à cause

CHAP. VII.

de la loi qui défend de prêter au-dessus du denier-vingt; tandis qu'à Paris où la masse d'argent augmente sans cesse, les biens-fonds sont tout autrement chers, & qu'on voit quantité de personnes embarrassées à placer leur argent, & offrir de le donner au-dessous du denier vingt.

Dans un Etat étendu, où chaque Province a une espéce de commerce différent, le taux de l'argent devroit varier, comme la taxe de toutes les autres marchandises.

Un moyen de rétablir les Provinces pauvres, ce seroit de hausser le taux de l'argent chez elles.

Si, suivant l'ordre naturel des choses, on taxoit cet intérêt plus haut dans les Provinces les plus pauvres, il paroît que ce seroit un moyen de les rétablir.

Dans le fait, plusieurs Parlemens du Royaume ont haussé le taux de l'argent dans l'é-

On prétend qu'il y a eu plusieurs Parlemens dans le Royaume, qui, voyant la difficulté qu'on trouvoit à emprunter dans l'étendue de leurs Juriſdictions, pendant la guerre derniere, ont autoriſé les Prêteurs à mettre dans les contrats qu'ils paſſoient, la clauſe que : *Les intérêts y ſtipulés leur ſeroient toujours payés par l'Emprunteur, ſans retenue d'aucune impoſition, Dixieme, Vingtieme, ou autre.* Cette façon de contracter, comparée à l'ancienne, étoit une véritable augmentation de taux.

CHAP. VII. tendue de leurs Juriſdictions, pendant le cours de la guerre derniere,

# CHAPITRE VIII.

## Du luxe.

### ARTICLE PREMIER.

*A parler généralement, les gens riches ne peuvent employer leur superflu qu'en objets de luxe.*

Le luxe excite l'industrie & s'introduit nécessairement par-tout où il y a des gens riches.

TOUT homme dont les richesses surpassent les besoins, ne peut jouir de son superflu, qu'en l'employant en luxe. C'est le luxe qui donne le prix aux richesses : c'est lui qui y attache le cœur ; il excite par-là l'émulation & l'industrie, & c'est un bien qu'il procure.

Objection contre le luxe.

*Mais l'agriculture, le commerce & le soin des pauvres n'offrent-ils pas aux riches un emploi de leur superflu bien plus satis-*

*faiſant, que tous les objets de luxe qu'ils pourroient ſe procurer?* Voilà une queſtion que beaucoup de perſonnes ne manqueront pas de nous faire, & qui ſans doute eſt d'une grande force. Mais pour peu qu'on veuille faire uſage de ſes propres lumieres, on s'appercevra bientôt de l'exacte vérité de ce que j'ai d'abord établi.



On ne jouit d'une choſe, qu'autant qu'on l'applique à ſon uſage. Accumuler ſes richeſſes, ce n'eſt pas en jouir. Les mettre au commerce, à l'agriculture & en contrats, c'eſt toujours vouloir les accumuler, ce n'eſt pas en jouir. Les richeſſes ne peuvent pas être leur fin à elles-mêmes. Mettre ſes fonds au commerce, pour en avoir davantage, & ſouhaiter d'en avoir davantage, pour les remettre encore au commerce, c'eſt bien le ſecret de s'enrichir; mais on ſeroit peu

Les richeſſes ne ſeroient rien ſans les choſes agréables qu'on peut ſe procurer par leur moyen. Perſonne ne les rechercheroit, ſi elles n'avoient d'autre uſage que de ſe multiplier elles-mêmes; & c'eſt ce qui arriveroit, ſi on ne pouvoit les employer qu'à augmenter l'agriculture & le commerce.

CHAP. VIII.

touché des richeſſes, ſi leur uſage ſe bornoit là, c'eſt-à-dire, s'il n'y avoit point de luxe. Deſirer les richeſſes, pour avoir un moyen de devenir plus riche; les entaſſer ſans en jouir, c'eſt faire préciſément la même choſe, que ſi on travailloit ſans relâche à augmenter un tas de ſable ſur le bord de la mer. Si l'on voit parmi nous des gens, dont l'unique objet eſt d'entaſſer, dont le cœur ne deſire les richeſſes que pour s'en ſervir à devenir plus riches encore: c'eſt qu'il y a beaucoup de luxe parmi nous: c'eſt que le luxe les a frappés: c'eſt qu'ils voient combien de choſes agréables on peut ſe procurer avec de l'argent, & qu'ils jouiſſent en idée de tout ce qu'ils pourroient obtenir par leurs richeſſes. Ils ne cherchent à augmenter, comme ils le diſent, leurs moyens, c'eſt-à-dire, le moyen qu'ils ont de ſe procurer les choſes agréables & commodes qu'ils voient, que parceque le luxe les leur préſente. C'eſt par trop d'ardeur pour les commodités & pour le luxe, qu'ils ſe privent du luxe & des commodités mêmes. Ils ne jouiſſent pas, par le trop d'envie de jouir. Ils ne ſe ſatisfont jamais, pour ne pas diminuer les moyens qu'ils ont de ſe ſatisfaire.

Il nous ſeroit ſans doute avantageux dans l'état actuel des choſes, de voir les gens riches retrancher une partie de leur luxe pour porter des fonds à l'agriculture & au commerce.

Je conviens que dans un Etat où l'agriculture & le commerce languiſſent, on ne peut trop engager les riches par des loix ſomptuaires, ou autrement, à employer leur ſuperflu à l'avancement de ces parties. Mais l'agriculture & le commerce, dans un Etat iſolé ſur-tout, ont néceſſairement des bornes. Ils ne peuvent pas s'améliorer ſans fin. Il eſt donc un point où les riches, conſidérés du moins générale-

CHAP. VIII.

ment, ne pourroient plus trouver à y employer leurs revenus. Ainsi, à considérer la chose en elle-même, on ne peut pas regarder ces parties comme propres à être l'objet de la dépense des gens riches. Elles ne peuvent l'être que d'une façon passagère & par accident.

Plus l'on mettra de fonds à l'agriculture & au commerce, plus il y aura de richesses, de superflu & de luxe.

Si dans un Etat, où le commerce & l'agriculture languissent, on parvenoit à décider tous ceux qui ont du superflu à quitter le luxe, pour n'employer leurs revenus qu'à l'avancement de l'agriculture & du commerce, ces deux choses seroient bientôt poussées à toute l'étendue & à toute la perfection dont les circonstances locales les rendroient susceptibles. Cette perfection produisant de nouvelles richesses, augmenteroit dans l'Etat la somme des superflus, d'où l'on verroit bientôt renaître un luxe plus considérable qu'auparavant.

CHAP. VIII.

Le soin des Pauvres ne peut pas absorber toutes les richesses d'un Etat.

Quant au soin des Pauvres, il peut encore moins devenir l'emploi général du superflu, que les choses dont je viens de parler. Le nombre des vrais pauvres est petit. Les secours qui leur sont nécessaires, dans quelque Etat que ce soit, sont loin de pouvoir en absorber toutes les richesses. Pour les Pauvres valides, leur donner son superflu, le leur faire consommer sans travail, ce n'est qu'autoriser la paresse : c'est préférer le fainéant à l'ouvrier.

Inconvénient qui résulteroit, si les gens riches mettoient tout leur superflu en aumône.

Si tout le monde quittoit le luxe pour l'aumône, il est évident que tous les Ouvriers de luxe seroient réduits à la mendicité; & il se trouveroit en même temps qu'ils auroient tous de quoi vivre abondamment sans rien faire, par la multitude des charités. Ainsi

CHAP. VIII.

il en résulteroit que la société seroit privée de l'agrément qu'on trouve dans les ouvrages que donnent les Ouvriers de luxe ; que cette même société seroit privée du bien qu'elle retire de l'émulation que le luxe excite, & de l'avantage qu'elle trouve à avoir dans son sein des Ouvriers au lieu de fainéans & de mendians. Toute la différence, comme on le voit, seroit au détriment de l'Etat & de la Nature.

Le premier devoir de tous les hommes, est de secourir les vrais pauvres.

Qu'on ne m'accuse pas de chercher à éteindre la compassion dans ce qu'on voit encore parmi nous d'ames vertueuses & sensibles. Je suis si éloigné de blâmer ce sentiment, que je regarde les secours qu'on donne à des Malheureux bien connus, qui les méritent, moins comme des œuvres de perfection chrétienne, que comme des devoirs étroits que le

Créateur a imposés à tous les hommes. La Nature frémit quand on pense à la situation où se trouvent souvent d'honnêtes gens infortunés de plus d'une classe. Celui qui, les connoissant, court après des plaisirs futiles, au lieu de les secourir, est certainement très-condamnable. Mais il n'en est pas moins vrai que l'aumône, non-seulement ne peut pas devenir l'emploi général du superflu, dans un Etat qui n'a été dévasté par aucun fléau; mais qu'elle ne peut même en absorber une partie considérable, sans être indiscrète & pernicieuse dans ses effets. Voilà ce que j'avois à prouver.

CHAP. VIII.

## ARTICLE II.

### *Du luxe qui consiste dans l'usage des choses d'agrément.*

Des deux différentes espéces de luxe.

IL y a deux sortes de luxe : l'un est l'usage des choses de pur agrément, c'est-à-dire, de celles qui ne sont ni utiles, ni commodes : l'autre est l'abus des choses utiles.

Le luxe qui consiste dans l'usage des choses d'agrément, n'est point destructeur en lui-même.

Le luxe de la premiere espéce, n'est nullement destructeur en lui-même. Si j'emploie du Galon, je fais vivre toutes les sortes d'Ouvriers qui ont contribué de leur travail à le faire. L'argent que je leur donne, équivaut à des denrées & les représente. Je leur en donne proportionnellement au temps qu'ils se sont occupés à travailler le Galon que je tire d'eux. Si j'achete des Pierreries, je fais vivre de même ceux qui les cherchent & qui les travaillent : ainsi en est-il de tout autre chose.

Cette espéce de luxe donne le goût du travail, & semble par-là faire plus de bien que de mal.

Si l'espéce de luxe dont il est ici question augmente dans la société la somme des travaux, comme il donne en même-temps le goût du travail & qu'il excite l'industrie, on peut dire, qu'à le considérer dans son essence, il paroît faire plus de bien que de mal.

L'inconstance des modes est destructrice.

Mais ce qui le rend nuisible & destructeur, ce sont les caprices continuels des gens riches, dont le goût toujours fatigué de ce qu'ils ont, leur fait chercher sans cesse dans de nouveaux objets de quoi l'aiguillonner. Il en résulte un changement perpétuel de modes, qui ruine le Marchand, renchérit tout, & réduit chaque jour à la mendicité une multitude d'Ouvriers, qui, ne sçachant travailler qu'aux objets qui

CHAP. VIII.

concernent les modes que l'on quitte, se trouvent sans occupation par ces changemens.

On ne peut pas quitter une mode, sans ruiner une quantité de personnes.

A chaque changement de modes, le Marchand se trouve gorgé de marchandises qu'il ne trouve plus à vendre. Il faut donc, pour qu'il puisse soutenir son commerce, qu'il rejette sur les marchandises courantes, ce qu'il perd sur les premieres qui sont de rebut.

Remarque sur l'inconstance des modes en France.

Il est à remarquer que le mouvement des modes est d'une telle rapidité en France, qu'il ne pourroit jamais en exciter un pareil dans un Etat isolé, quelque fécondité qu'on veuille supposer à ses terres. Si nos Marchands ne trouvoient pas dans le commerce des Colonies & de l'Etranger une ressource continuelle pour dégager leurs magasins, la Nation seroit forcée à réprimer l'inconstance de ses goûts. Si elle ne le faisoit pas d'abord, tous les objets de luxe monteroient à un prix exhorbitant. Par conséquent la consommation en diminueroit.

Ce changement de modes est une des principales causes de mendicité qu'il puisse y avoir dans un Etat. Après la destruction & l'abattement des Cultivateurs, je n'en connoîs pas de plus grandes. Rien ne met plus d'inconstance dans le sort des ouvriers : rien ne cause plus de mouvemens entre les diverses classes.

Le changement de modes produit encore un mal, c'est qu'il renchérit inopinément les nouveaux objets de luxe, & par-là augmente trop le bien-être des Ouvriers qui les travaillent.

Lorsqu'on change de mode, les nouveaux objets de luxe sont très-chers, parcequ'il s'y trouve d'abord plus de demandes que de marchandises ; ou si l'on veut, parcequ'il y a trop peu d'Ouvriers pour l'ouvrage. Au contraire, les objets de luxe que l'on quitte, tombent au-dessous de leur véritable valeur. Les Marchands, pour s'en défaire, & les Ouvriers, pour se soutenir comme ils peuvent, les donnent à très-bas prix. Ainsi, une partie des Ouvriers de l'Etat tombent dans la misere; & d'autres, se voyant tout-à-coup recherchés, se trouvent dans une abondance inattendue, qui les conduit souvent au libertinage ou à la paresse.

Exemples des effets du changement de mode.

On ne manque pas d'exemples de ce que j'avance: il ne s'en trouve que trop par-tout. Lorsque les ouvrages guillochés devinrent à la mode parmi nous, on y a vu de simples Ouvriers en ce genre gagner vingt & jusqu'à vingt-quatre livres par jour. Ce gain excessif, en fit tomber une partie dans la débauche. D'un autre côté, leur nombre augmenta prodigieusement; la mode changea, & une multitude se trouva sans ouvrage.

Vers

Vers la fin de l'avant-derniere guerre, on donna dans les fleurs artificielles. Ce qu'il y avoit d'Ouvriers en fleurs, ne pouvoit pas, à-beaucoup-près, fournir aux demandes. Dans les premiers momens, leur travail se vendoit prodigieusement cher. Ceux qui exerçoient cette partie, ramasserent sans distinction tout ce qu'ils trouverent d'hommes sur le pavé, pour en faire des Apprentifs. Ils les payoient en leur apprenant leur métier, au lieu d'en exiger de l'argent. Leur classe se multiplia à l'excès; puis tout-à-coup, vers la fin de la guerre derniere, les fleurs artificielles sont tombées. Les Marchands ont perdu sur cette partie; &, dans l'instant où j'écris, plus de la moitié des Ouvriers en fleurs sont sans occupation; la plupart périssent de misere.

CHAP. VIII.

Tout changement de mode fait nécessairement tomber quelque branche de commerce.

Personne n'ignore, je crois, qu'il ne peut pas tomber une branche de commerce, ni se détruire une manufacture, sans qu'une quantité de personnes ne s'en trouve ruinée. Or, toutes les fois qu'on change d'objets de luxe, on détruit une branche de commerce, & l'on réduit une foule d'Ouvriers à être sans occupation.

S'il paroît très-difficile de détruire la cause de mendicité dont je parle, parcequ'on ne peut pas l'attaquer, sans diminuer l'industrie, & sans choquer la liberté dont le Citoyen doit jouir dans l'emploi de ses richesses; on trouvera, pour peu qu'on veuille y refléchir, que rien ne seroit plus aisé que de parer aux maux qu'elle occasionne. Et si l'on vouloit examiner successivement toutes les causes qui multiplient la misere parmi nous, on verroit que, sans qu'il en coûtât rien à l'Etat, il seroit très-facile de remédier à tout, & de détruire la mendicité.

Ce ne seroit pas en accablant les mendians; mais en tarissant les maux qui les font naître. Des détails là-dessus seroient étrangers à mon plan. Ce seroit hors de propos, en toute façon, que j'en donnerois ici.

Nos changemens continuels de mode soutiennent cependant notre commerce étranger.

Je dois faire observer, au sujet des changemens de modes, qu'en faisant baisser au plus bas le prix des objets de luxe que l'on quitte, il en résulte pour les François cet avantage : que leurs Négocians, à qui ces objets décriés de mode coûtent peu, les peuvent donner à très-bon compte aux Etrangers auquel ils les portent. C'est, à ce qu'il me paroît, une des causes qui soutient le plus leur commerce extérieur.

CHAP. VIII.

## ARTICLE III.

### *Du luxe qui consiste dans l'abus des choses utiles.*

LE luxe de l'espéce dont il s'agit ici, est tout autrement destructeur que le premier. En absorbant les alimens des hommes, il dépeuple & détruit par sa nature. Non-seulement il augmente la somme du travail dans la société, en occupant des hommes à faire croître des denrées qui se consomment inutilement, mais même les terres qui les produisent, doivent être regardées comme perdues pour l'Etat. Il est tel homme qui, par ses excès, par la préparation recherchée de ses liqueurs & de ses mêts, consomme des denrées qui suffiroient à en nourrir trois ou quatre autres. Il est tel homme qui, par ſes caprices, fait perdre autant de denrées, que cent perſonnes en pourroient conſommer. Lui ſeul, par conſéquent, prive l'Etat de cent Citoyens.

Il faut cependant choiſir entre ces deux ſortes de luxes. Dans tout Etat, moins il y en aura de la premiere eſpéce, plus il y en aura de la derniere.

Cette eſpéce de luxe, ſe ſubdiviſe en une infinité d'autres. Une des plus conſidérables, par ſes mauvais effets, c'eſt l'inhumaine fantaiſie qu'ont preſque tous les Grands, de faire conſerver les fauves dans leurs terres. On n'imagine pas combien ce gibier conſomme de denrées, & conſéquemment de combien d'hommes il prive l'Etat : combien enfin il coûte de ſang humain.

En paſſant à Châteauneuf, près

CHAP. VIII.

de Chartres, je m'informai à un Particulier inſtruit & aiſé, des uſages du commerce & de l'agriculture du canton. Au ſujet de cette derniere partie, il me dit que ſes fermes étoient dans une terre voiſine que Madame la Marquiſe de.... avoit achetée depuis quatre ans : que le gibier qu'elle y faiſoit conſerver avec le plus grand ſoin, y faiſoit tant de tort, qu'au lieu de mille écus qu'il tiroit de ſes fermes auparavant, elles ne lui rapportoient plus que quinze cens livres, qu'encore ſes Fermiers s'y ruinoient-ils; de ſorte que, ſi la choſe reſtoit ſur le même pied, il feroit obligé de les baiſſer à cent piſtoles.

Cette fureur de faire garder les terres eſt générale dans toute l'Allemagne. Elle la dépeuple certainement de plus d'un million d'ames , ſans compter les fatigues que donnent aux Payſans le ſoin de défendre leurs terres toutes les nuits contre les Fauves.

Seroit-il donc injuſte d'ôter aux Seigneurs ce droit de faire du mal, ſoit en accordant aux Payſans le droit de chaſſer quatre à cinq jours par année, ſoit en authoriſant toute Communauté à acheter de ſon Seigneur, toutes les fois qu'elle le voudroit, le droit de chaſſer, en payant une ſomme déterminée par la loi, & proportionnée à la grandeur du territoire ſeigneurial.

CHAP. VIII.

## ARTICLE IV.

*Dans tout Etat le luxe eſt toujours proportionné aux richeſſes, c'eſt-à-dire, à la ſomme des ſuperflus de tous les gens riches.*

C'eſt la ſomme des ſuperflus qui détermine la grandeur du luxe dans chaque Etat.

PUISQUE c'eſt le ſuperflu qui produit le luxe[1], la totalité des ſuperflus ſera toujours l'exacte meſure de ſon étendue. Que ce ſuperflu ſoit employé à nourrir des Laquais, ou d'autres fainéans; qu'il ſoit employé à faire travailler des Ouvriers, c'eſt toujours également un luxe. Et l'on voit évidemment qu'on ne peut dépenſer ſon ſuperflu, qu'à nourrir des Ouvriers ou des fainéans, ou à ſe donner des ſatellites.

Les prodigues donnent d'autant plus au luxe, que

C'eſt en conſidérant l'Etat dans ſa totalité, que l'on voit que la ſomme des ſuperflus eſt l'exacte meſure

mesure de l'étendue du luxe. Car l'on trouve alors que s'il y a des riches qui entassent, au lieu de dépenser, il en est d'autres qui vendent ou hypothèquent leurs fonds, & donnent au luxe au-delà de leurs revenus. Et que ceux-ci lui donnent exactement d'autant plus, que les premiers lui donnent moins.

CHAP. VIII.

les Avares lui donnent moins.

En faisant abstraction du commerce, dans tout Etat où les loix ne bornent point les fortunes, la somme des superflus sera toujours proportionnée à son étendue, à la fécondité de ses terres, & au plus ou moins de facilité de leur travail. Ainsi plus l'Etat sera grand, plus les terres seront fécondes; moins elles exigeront de travail, & plus il y aura de luxe (1).

Plus la somme des richesses sera grande, plus il y aura de luxe.

(1) Au sujet du travail des terres, nous

CHAP. VIII.

Le luxe a toujours existé, il n'a fait que changer d'objet.

On ſe récrie actuellement en France contre le luxe, comme ſi c'étoit une nouveauté; comme ſi c'étoit une choſe particuliere à ce ſiécle, & que nos ancêtres n'en euſſent connu d'aucune eſpéce. On ne prend pas garde que le luxe a exiſté dans tous les temps & dans tous les lieux où il y a eu des richeſſes; qu'il a toujours été proportionnel à la grandeur de celles-ci, & qu'il exiſtera toujours par-tout où il y en aura. Le luxe ne fait que changer d'objet, ſuivant les nations & les temps. Nos ancêtres, il eſt vrai, portoient moins de galons: ils avoient des appartemens moins brillans. Mais lorſqu'on ſe repré-

avons fait voir dans le Chapitre III, que plus les frais de la culture des terres diminuoient, plus la ſomme des ſuperflus augmentoit dans l'Etat, & plus conſéquemment on avoit à donner au luxe.

ſente le Duc de Guiſe, ſe promenant dans Paris à la tête de quatre à cinq cens Gentilshommes, dont le plus grand nombre ſans doute étoient montés, entretenus & même enrichis par ſes libéralités, ne trouve-t-on pas-là le luxe le plus prodigieux ? Et voit-on parmi nous, même chez nos Princes, rien qui en approche ?

Eſpéce de luxe qu'avoient nos ancêtres.

Le luxe, il y a quatre cens ans, portoit principalement ſur les objets de guerre. C'étoit en Soldats, en Domeſtiques nombreux, en armes, en chevaux, en conſtructions de fortereſſes, que nos Ancêtres de ces temps-là employoient leur ſuperflu. Ma Province eſt hériſſée de Châteaux énormes, bâtis ſur la pointe des montagnes, & qui ont preſque tous des puits percés du ſommet juſqu'au deſſous du niveau des

CHAP. VIII.

plaines. Quelles ſommes n'ont-ils pas dû coûter?

Cette eſpéce de luxe eſt bien la plus mauvaiſe de toutes. Que nous devons nous eſtimer heureux de voir les Grands de notre ſiécle nourrir de leur ſuperflu des Ouvriers, au lieu de Soldats, & employer leurs richeſſes à multiplier les choſes d'agrément, au lieu de les employer à ſe faire la guerre, & à détruire la nature!

La Pologne eſt actuellement dans l'état où étoit la France il y a trois cens ans.

Le mal de ces temps éloignés, venoit de ce que le Gouvernement étoit trop foible. Les loix étoient impuiſſantes, & la volonté du Prince, ſans effet contre la violence des Seigneurs. En Pologne, où l'on voit actuellement, comme on le voyoit autrefois en France, un Gouvernement foible, des Seigneurs puiſſans, des Gentilshommes comblés de distinctions & de privilèges, & le Cultivateur esclave de la Glèbe, on voit aussi la même manie de guerre, la même espéce de luxe, & la même misère générale qu'on a vus autrefois parmi nous ; on trouvera, dis-je, toutes ces mêmes choses par-tout où il y aura un Gouvernement semblable.

Il est à remarquer encore que les Polonois ont, non-seulement la même espéce de luxe, mais le même caractere & les mêmes mœurs que nos Ancêtres avoient dans les temps dont je parle; preuve frappante que le Gouvernement & les Loix décident de l'esprit des Nations.

## ARTICLE V.

*Plus il y aura de terres incultes dans un Etat, plus il y aura de luxe à proportion du nombre des Habitans.*

On doit ſans doute regarder comme un luxe les Serrails des Mahometans.

QUOIQU'EN Turquie, & dans la plupart des autres Pays Mahométans, il y ait plus de la moitié des terres en friche, ce ſont cependant les Pays du monde où il y a plus de luxe, à proportion du nombre des Habitans; ces Serrails que tous les Riches entretiennent, ſont par eux-mêmes un trés grand luxe, & un luxe d'une fort mauvaiſe eſpéce.

Lorſque la population augmente dans un Etat, les richeſſes ne peuvent pas augmenter en même propor-

La raiſon de la grandeur du luxe dans ces Pays-là, eſt la fécondité de leurs terres. Le petit nombre de Cultivateurs qu'il y a, ne travaillent que les meilleurs champs d'un Pays où ils ſont tous très-bons. Il retire de chacun d'eux une quantité très-grande de denrées, & de denrées ſouvent très-précieuſes. Ainſi la claſſe des Cultivateurs doit y être moins nombreuſe qu'ailleurs, par comparaiſon au reſte des Habitans. De-là l'accroiſſement du luxe: ſi la claſſe des Cultivateurs augmentoit dans ces Pays, on cultiveroit de nouveaux champs moins bons que les premiers; ainſi les richeſſes n'augmenteroient pas en même proportion, que les hommes, & le luxe ne pourroit pas augmenter plus qu'elles.

tion qu'elles: ainſi le luxe qui augmente réellement, ſe trouve cependant proportionnellement moins fort.

Le même raiſonnement doit ſe faire à l'égard de tous les Pays. Par-tout, plus il y aura de terres en friche, plus il y aura de luxe, à proportion du nombre des Habitans. Je ne parle ici, comme

CHAP. VIII.

on le voit, que du luxe proportionnel; car le luxe total sera par-tout d'autant plus petit, qu'il y aura plus de terres incultes; & il augmentera continuellement, à mesure qu'on défrichera.

Preuve de calcul.

Pour éclaircir ceci par un calcul, qu'on suppose que dans un Etat qui est en pleine culture, il y ait trente millions d'arpens de terres ensemencées en froment chaque année, & que chaque famille de Cultivateurs, à compenser l'une par l'autre, en cultive trente, il y aura dans l'Etat un million de familles de Cultivateurs. En compensant aussi les terres l'une par l'autre, qu'on suppose que chaque arpent rapporte, année moyenne, de quoi nourrir un homme fait. Comme, eu égard aux femmes, aux enfans & aux vieillards, qui, généralement parlant, consomment moins, deux hommes faits doivent consommer autant que trois personnes, quatre arpens rapporteront de quoi nourrir six personnes, c'est-à-dire, une famille; parcequ'on compte la famille moyenne à six personnes. Il y aura donc en totalité dans l'Etat sept millions cinq cens mille familles, & six millions cinq cens mille familles, en ne comptant pas celles des Cultivateurs. Et comme il doit y en avoir à-peu-près un quart d'employés aux différens métiers de luxe, il y aura un million six cens vingt-cinq mille familles d'employées à cette partie.

Que la moitié des champs tombe en friche, ce seront les plus mauvais qui seront abandonnés. Le produit total des terres ne sera pas diminué de moitié, & le produit moyen de l'arpent, sera plus fort. Qu'on suppose

CHAP. VIII.

qu'alors deux arpens rapportent de quoi nourrir trois hommes faits, huit arpens rapporteront de quoi en nourrir douze, ou, ce qui eſt l'équivalent, de quoi nourrir trois familles. En diviſant quinze millions d'arpens cultivés par huit, on trouve un million huit cens ſoixante & quinze mille arpens, qui, multipliés par trois, nombre de familles que huit arpens nourriſſent, donnent cinq millions ſix cens vingt-cinq mille pour le nombre de familles qui ſe trouveront dans l'Etat. Mais il n'y aura plus que cinq cens mille familles de Cultivateurs, puiſque le nombre des champs labourés eſt diminué de moitié. En les retranchant, reſte cinq millions cent vingt-cinq mille familles pour les autres claſſes, dont le quart, étant toujours employé au luxe, fait un million deux cens quatre-vingt-un mille deux cens cinquante familles dans cette partie. Par où l'on voit que la totalité des Habitans de l'Etat, étant diminuée d'un quart, la classe des Ouvriers de luxe est diminuée de quatre-vingt mille familles de moins que son quart, & que celle des Cultivateurs au contraire est diminuée de moitié. Ainsi le luxe proportionnel est plus grand, lorsque l'agriculture diminue; mais le luxe total décroît. On vient de le voir.



Pourquoi le luxe proportionnel diminue dans les Pays qui ont été dévastés subitement par quelque fléau.

Ce que je dis sur le luxe proportionnel, n'est cependant nécessairement vrai, qu'autant que le luxe est l'objet auquel tous les riches emploient leur superflu. Car si une partie considérable d'entr'eux se porte à l'agriculture ou au commerce, la proportion de la classe des Ouvriers de luxe aux autres classes, changera, &

CHAP. VIII.

le nombre des premiers diminuera d'autant plus, qu'il y aura plus de gens riches qui cesseront de les employer. On voit dans les Pays qui ont été dévastés par quelque fléau, le luxe proportionnel diminuer beaucoup, ainsi que le luxe absolu : il n'en reste presque absolument plus. La raison en est que tous les riches, voyant leurs revenus considérablement diminués par l'abandon des terres que la dépopulation a occasionnée, cherchent à réparer leurs pertes, en retablissant l'agriculture. On voit alors ces Pays se repeupler très-promptement, parceque les denrées y deviennent nécessairement très-abondantes, & que les Cultivateurs qui y sont recherchés, font avec les riches des conditions avantageuses qui les mettent à l'aise.

## Article VI.

*On peut voir dans un Etat le nombre des différens objets de luxe augmenter, le luxe être plus recherché & s'attacher aux objets de la plus haute valeur, sans que la véritable grandeur du luxe augmente.*

Plus les richesses seront inégales, plus il y aura de rafinement dans le luxe.

Plus il y aura d'inégalité dans les fortunes de ceux qui composent la classe des gens riches, dans un Etat dont l'espéce de luxe dominante est l'usage des choses d'agrément, plus les arts & métiers de luxe augmenteront en nombre & se perfectionneront. Plus aussi il y aura d'inégalité dans le prix de leurs divers ouvrages, plus le prix des objets de luxe les plus parfaits sera haut. Mais que parmi ceux qui composent cette

CHAP. VIII.

classe, les richesses soient égales ou inégales, la vraie grandeur du luxe n'en sera point changée.

Le nombre des métiers de luxe peut augmenter sans que le luxe augmente.

Les métiers de luxe peuvent augmenter en nombre, sans que la totalité du luxe augmente. Tant que les richesses restent les mêmes, & restent distribuées de la même façon, le luxe conserve la même étendue & la même forme. Mais si les richesses restant les mêmes, leur distribution change, qu'elles se trouvent par exemple resserrées en moins de mains, le luxe gardera la même étendue, & paroîtra sous une forme plus belle & plus brillante. On verra naître de nouveaux objets de luxe. Il y en aura de plus d'espéces différentes. Le luxe sera plus rafiné. On verra des objets plus précieux. Mais en même temps, le nombre des objets de chaque espéce diminuera : le nombre des métiers de luxe augmentera, & tous les métiers qui étoient auparavant en usage, diminueront d'étendue.

CHAP. VIII.

Tant que la somme des superflus reste la même, si le luxe diminue d'un côté, il augmente d'un autre.

Si dans un Etat il y a cent mille familles qui aient équipages montés, il y aura plus de Carrossiers, que si la totalité des richesses se trouvoit réunie sur dix mille familles seulement ; mais les richesses restant les mêmes, le nombre des Carrossiers ne peut pas diminuer, sans que le luxe ne s'étende sur de nouveaux objets.

Si les richesses étoient également partagées entre tous les gens riches, le nombre des objets de luxe augmenteroit; mais on n'en verroit pas d'aussi travaillés & d'aussi précieux qu'auparavant.

Si la classe des gens riches dans un Etat est composée de cinquante mille familles, ayant entr'elles neuf cens millions de revenus, de quelque maniere que ces richesses se trouvent partagées entr'elles, il y aura toujours un luxe égal. Si ces richesses sont partagées inégalement, ensorte qu'il y ait de ces familles qui

CHAP. VIII.

n'aient que six mille livres de rente, d'autres cent mille écus & au-delà, & que le plus grand nombre se trouve entre ces deux termes; alors on pourra y voir un luxe semblable à celui que nous voyons actuellement en France. Si l'on y faisoit une loi qui ordonnât le partage égal des richesses entre tous les gens riches, chacune des cinquante mille familles se trouveroit avoir dix-huit mille livres de revenu. Pour lors le luxe changeroit de face, mais il ne diminueroit pas. On ne verroit plus, comme parmi nous, de ces équipages dont le coffre seul coûte quarante mille livres; mais le nombre des équipages doubleroit, & au-delà. Il en seroit de même de tous les objets de luxe d'un prix excessif. On n'en verroit plus; mais les objets de luxe moins chers se multiplieroient

tiplieroient

tiplieroient. Le nombre des Ouvriers de luxe resteroit le même; mais ils travailleroient plus à faire beaucoup d'ouvrages, qu'à en faire de parfaits.

CHAP. VIII.

On ne doit pas juger de l'étendue du luxe par son rafinement.

On voit par-là qu'on ne doit pas chercher à connoître l'étendue du luxe par la perfection du travail, & par la cherté de ses objets les plus rares; puisque ces choses ne dépendent que de l'inégalité des fortunes des gens riches. C'est la somme des valeurs de tous les objets de luxe, qui forme sa véritable grandeur: somme qui se trouvera toujours égale à celle des superflus, s'il n'y a de luxe que de cette espéce.

Lorsque les richesses se rassemblent en moins de mains, la somme des superflus augmente, & le luxe avec elles.

Le revenu de la classe des gens riches restant la même, moins cette classe sera nombreuse, plus il y aura de luxe. Si la classe des gens riches est composée de cin-

CHAP. VIII.

quante mille familles, ayant entr'elles neuf cens millions de revenu, à ſuppoſer qu'il leur faille à chacune cinq mille livres par an, pour ſe procurer le néceſſaire & le commode, elles donneront entr'elles ſix cens cinquante millions au luxe, & dépenſeront deux cens cinquante millions pour le néceſſaire & le commode. Si le revenu total reſtant le même, le nombre de familles de cette claſſe diminue de moitié, elles ne dépenſeront plus enſemble que cent vingt-cinq millions pour le commode & le néceſſaire : elles trouveront cent vingt-cinq millions de plus à donner au luxe.

Il ſuit de ce qui a été dit que le ſeul remède qu'il y ait contre le luxe, eſt de borner la fortune des Citoyens, d'empêcher les ri-

chesses de se rassembler dans peu de mains, de les partager sur plus de têtes. Mais de quelque façon qu'on applique ce remede, il nous paroît pire que le mal.

CHAP. VIII.

## ARTICLE VII.

*Il vaut mieux laisser subsister le luxe dans toute son étendue, que de le resserrer ou de le détruire en partageant les terres; ou en bornant la fortune des Citoyens.*

En bornant la fortune des Citoyens, on détruit l'émulation, le goût du travail, &c.

SI on borne la fortune des Citoyens au pur nécessaire, l'État & les Citoyens y perdront également. L'ardeur au travail, les fruits des arts, les ressources des sciences, l'agrément & la variété des objets, les délices, les passions, tout s'évanouit. Si on la borne à une certaine quantité de superflu, on ne détruit qu'une partie du luxe, & l'on fait une partie des maux que sa destruction totale entraîne. Ce sont d'ailleurs les gens riches qu'on arrête, c'est-à-dire, ceux qui ſont en état de rendre le plus de ſervice : on y gagne peu. Il n'en reſte pas moins dans l'Etat un bas-peuple, & des miſérables à ſoulager. En partageant les richeſſes ſur plus de têtes, on ne fait guère qu'augmenter le nombre de ceux qui vivent en ne faiſant rien, d'autant qu'on diminue le nombre des Ouvriers de luxe. Je ne vois pas qu'il en réſulte de l'avantage d'aucun côté, ni pour l'Etat, ni pour le Citoyen conſidéré généralement.

Effet du partage annuel des terres.

Un Etat où chaque année on partageroit également les terres entre tous les Particuliers, ſeroit le plus malheureux & le plus foible de tous les Etats imaginables. Perſonne ne pouvant y améliorer ſon ſort d'une maniere du moins un peu ſtable, tout le monde n'y auroit pour objet que le repos &

la fainéantiſe. On ne pourroit y acquérir d'aucune façon. Il ne pourroit point y avoir de rentes ; parcequ'il ſeroit contraire à l'eſprit de la loi que les champs fuſſent chargés d'hypothéques. Car ſi l'on donnoit à un homme un champ chargé d'une redevance annuelle de la moitié de ſon produit, ce ſeroit ne lui en donner que la moitié. Donner à un autre une part, & le laiſſer jouir de différentes redevances, dont le produit monteroit auſſi haut que cette part même, ce ſeroit lui donner part double. Il n'y auroit pas plus d'inconvénient à permettre d'acquérir les fonds mêmes, qu'à tolérer de pareilles charges. Si les terres ne peuvent pas être chargées de redevances, les hommes doivent encore bien moins y être ſujets. Perſonne auſſi ne pourroit avoir de troupeaux

CHAP. VIII.

nombreux, parceque chacun auroit trop peu de terres. L'argent ne pourroit avoir aucun taux. Et où l'Etat en seroit-il ?

Etat des Républiques anciennes où les terres étoient partagées.

On peut m'opposer ici la constitution de plusieurs Républiques anciennes, où les terres furent partagées également entre tous les Citoyens, & où chacun d'eux, borné à son partage, ne pouvoit ni acquérir de nouvelles possessions, ni étendre celles qui lui étoient échues. Mais il faut prendre garde que dans toutes les Républiques où ce partage fixe des terres a eu lieu, il y avoit des esclaves attachés à chaque héritage. Ces esclaves faisoient tous les travaux des champs : ils étoient chargés de tous les travaux des métiers : ils faisoient sans exception tous les travaux que l'Etat exigeoit. Ainsi les terres ne se partageoient pas à tous les Habi-

CHAP. VIII.

tans : elles ne ſe partageoient que ſur une partie d'entr'eux. On détruiſoit les gens riches, & avec eux l'émulation & tous les objets d'agrément, pour mettre à leur place un plus grand nombre de gens aiſés, & étendre en même temps l'oiſiveté. Là, comme par-tout ailleurs, une partie des hommes ne jouiſſoit qu'aux dépens de l'autre.

Etat de Lacédémone.

C'eſt à Lacédémone où cette conſtitution a été le plus long-temps, & le plus rigoureuſement obſervée. Toute eſpéce de luxe en étoit en même temps bannie. Qu'en arriva-t-il ? Que pendant la paix, il y avoit dans leur Etat le plus grand nombre poſſible de fainéans, & que la partie des Habitans qui étoient dans l'eſclavage, étoit auſſi malheureuſe qu'il eſt poſſible de l'être ; car il n'y avoit aucun de ces eſclaves qui n'appartînt n'appartînt à un maître très-inhumain & très-pauvre ; & aucun d'eux ne pouvoit avoir la plus petite espérance de voir améliorer son sort, soit par sa capacité, soit par son application, soit par le hasard.

CHAP. VIII.

On ne disconvient point qu'au moyen de sa constitution la Laconie n'ait toujours eu le plus grand nombre possible de soldats.

Il en résultoit encore que tous les fainéans de la Laconie devenant soldats au moment de la guerre, elle avoit le plus grand nombre possible de troupes. Sa force étoit aussi grande à proportion de son étendue, que jamais celle d'aucun Etat puisse être. En effet, tout marchoit à la guerre, & il ne restoit dans l'Etat que ce qu'il étoit nécessaire qu'il en restât, pour faire vivre ce qu'il y avoit de soldats en campagne. On sçait que les Lacédémoniens, pour donner place dans leur Etat à un plus grand nombre de Citoyens, ou de guerriers, ce qui étoit la

CHAP. VIII.

même chose chez eux, ne se faisoient pas scrupule d'égorger une partie des Ilotes leurs esclaves, dès que leur nombre augmentoit au-dessus de ce qu'il leur en falloit pour l'agriculture & pour les métiers.

Certainement les Cultivateurs & les Artisans sont plus heureux parmi nous qu'ils ne l'étoient à Sparte, & les Particuliers des autres classes sont plus tranquilles.

Si les Etats actuels de l'Europe adoptoient leurs barbares loix, où en seroit le genre-humain? Quelles armées! quel massacre! Que ceux qui veulent exalter leur constitution abominable & bizarre, examinent de sang froid lequel remplit mieux l'objet de toute société, qui est la sureté, le bonheur de tous les Particuliers qui la composent, ou des loix par lesquelles se gouvernent aujourd'hui les Peuples civilisés de l'Europe, ou de ces loix antiques.

Que l'on compare la paix & l'abondance dans lesquelles vivent presque tous les Particuliers sous nos Gouvernemens, à la maniere dont ils étoient à Sparte, ou même encore à l'Etat où l'on voit actuellement les Habitans de la Pologne.

CHAP. VIII.

## ARTICLE VIII.

### *Des Loix somptuaires.*

Effet naturel des Loix somptuaires.

DÈS qu'on ne change point l'état des fortunes, toutes les Loix somptuaires qu'on peut faire dans un État isolé, ne peuvent servir qu'à faire changer d'objet au luxe; mais elles ne peuvent pas le diminuer de la plus petite quantité. La raison en est que son étendue est toujours essentiellement égale à la somme des superflus qu'elles ne changent point. Si elles défendent l'usage de quelques objets manufacturés, elles n'auront point d'autre effet que celui des changemens de modes, c'est-à-dire, celui de faire des misérables, en détruisant les manufactures des objets prohibés.

Les Loix somptuaires pour-

CHAP. VIII.

roient cependant diminuer pour un temps le luxe, dans un Etat où l'agriculture & le commerce ne feroient pas assez étendus, parcequ'en obligeant les Citoyens à quitter les objets de luxe auxquels ils employoient leur superflu, souvent plus par habitude & par orgueil, que par goût, & les tirant de la nécessité de briller au-dehors pour acquérir de la considération, en les mettant dans l'impossibilité de briller, une partie des gens riches obligés à changer l'emploi de leur superflu, l'emploieroient sans doute à étendre l'agriculture & le commerce.

Il est des situations où il peut être avantageux à un Etat d'avoir des loix somptuaires.

Le luxe qui consiste dans l'abus des choses utiles, étant destructeur par lui-même, on ne peut trop le réprimer par des Loix somptuaires. Il est très-avantageux de faire changer d'objet

Il est très-important de réprimer le luxe par des loix somptuaires, lorsqu'il détruit des choses utiles.

CHAP. VIII.

au luxe, lorſqu'il porte ſur la deſtruction des choſes utiles & des comeſtibles ; mais il eſt difficile de le déraciner totalement ſur cette partie, ſans bleſſer la portion de liberté naturelle que chaque Citoyen doit conſerver dans tout Etat.

Loi ſomptuaire de Jacques I, Roi d'Aragon.

Je connois peu de bonnes Loix ſur la répreſſion du luxe deſtructeur dont il s'agit. Jacques I, Roi d'Aragon, ordonna que tous les Habitans de ſes Royaumes, ſans exception pour lui-même, ne pourroient manger que de deux ſortes de viandes à chaque repas, à moins que ce qui pourroit être ſervi de plus, ne fût du gibier qu'ils euſſent tué eux-mêmes. Il voulut encore que ces deux ſortes de viandes ne puſſent être préparées que d'une ſeule façon. Mais cette loi n'attaquoit pas un grand mal. L'abondance des tables n'eſt pas fort deſtructive : les mêts ſurabondans , qu'on y ſert, ne ſont pas perdus : ce que l'on en ôte, eſt conſommé par des hommes. Cette loi d'ailleurs devoit produire de mauvais effets ; parcequ'elle portoit les Seigneurs à faire multiplier ſans bornes le gibier de leurs terres, pour s'aſſurer une table plus abondante, & pour ſe faciliter le moyen d'être ſervi plus délicatement. Elle devoit encore être contraire au plus ſain eſprit de la légiſlation, parce qu'en faiſant pénétrer la Police dans l'intérieur des maiſons, elle gênoit & troubloit la paix & le bonheur du Citoyen.

Loi de Religion & ſévérité qu'on a vû en Ruſſie au ſujet de l'uſage du tabac.

En Ruſſie, les Prêtres avoient attaché un péché mortel à uſer du tabac, parcequ'ils regardoient cela comme une conſommation inutile, & qu'ils voyoient qu'on diminuoit la maſſe des denrées,

CHAP. VIII.

en employant des terres & en occupant des hommes à la culture de cette plante. L'Empereur Iwan-Basiliowis, voyant qu'on s'étoit un peu relâché sur ce singulier objet de religion, fit passer aux verges & couper le nez à tous ceux de ses sujets qui furent convaincus d'en prendre d'habitude. *Sévérité bien judicieuse.*

## ARTICLE IX.

### *Reponse aux objections que l'on fait contre le luxe.*

Une vérité de fait & sans exception, c'est que le luxe est dans tous les Etats proportionné aux richesses.

ON a dit que le luxe étoit nécessaire dans les grands Etats, & qu'il détruisoit les petits. Je ne vois point où est la vérité de cette proposition. Je trouve que le luxe est établi sans exception, dans tous les Etats cultivateurs. Par-tout on veut joindre l'agréable au commode. Dans tout Etat cultivateur isolé, les autres circonstances physiques restant les mêmes, le luxe y sera toujours proportionné à l'étendue des possessions de cet Etat. En effet, plus l'Etat sera grand, plus la somme des superflus y sera forte, & les fortunes inégales ; plus conséquemment il y aura de luxe, &

CHAP. VIII.

plus il y aura de rafinement dans le luxe.

Le luxe est très-nuisible, lorsqu'il a pour objet des marchandises tirées de l'Etranger.

On convient que quand le luxe a pour objet des marchandises tirées de l'Etranger, il est évidemment nuisible à l'Etat : il le dépeuple ; & moins cet Etat fait exporter de ses marchandises propres, moins son sol est fécond, moins les productions en sont précieuses, plus ce luxe lui est funeste.

Un petit Etat ne peut pas avoir un luxe rafiné sans dépérir.

On convient encore que quand dans un petit Etat non isolé il s'introduit un luxe rafiné, il en souffre & dépérit nécessairement ; parceque le petit nombre de gens riches qu'il contient, consomment trop peu pour pouvoir entretenir d'ouvrages tous les Ouvriers qu'un grand luxe demande, & qu'ils ne peuvent trouver que chez l'Etranger les objets recherchés de luxe qu'ils veulent avoir. Or cette traite foraine est très-désavantageuse à l'Etat. Comme d'un autre côté ce doit être des grands Etats qu'ils les tirent, ceux-ci y trouvent de l'avantage. Si c'est-là ce qu'ont voulu dire ceux qui ont dit que le luxe est nécessaire dans les grands Etats, & qu'il détruit les petits, il me paroît qu'ils pensoient juste. Mais c'est à tort, comme on le voit, qu'ils ont chargé le luxe en lui-même des suites qu'entraîne l'espéce de commerce qu'il peut occasionner.

Ce n'est point le luxe qui a confondu parmi nous les conditions.

Le luxe, a-t-on dit encore, confond toutes les conditions. Je ne vois pas trop comment. C'est l'abaissement des Grands : c'est le retranchement des priviléges de la Noblesse, qui me paroît les confondre, & non pas l'emploi arbitraire des richesses. Dès que la loi ne favorise en nulle façon le Gentilhomme plus que le Rotu-

CHAP. VIII.

rier : dès que le Gouvernement ne lui donne plus aucune préférence, toutes les conditions ſe confondent d'elles-mêmes. La naiſſance n'eſt plus un bien : elle n'eſt plus rien. Il ne reſte plus de diſtinction entre les hommes, que celle des richeſſes : ils ſeront égaux, dès qu'ils ſeront également riches.

Le Gouvernement & les Loix formant par-tout les uſages & les mœurs, où le Gentilhomme ne retirera d'eux aucune prééminence, le peuple n'aura pour lui aucune ſorte de reſpect, aucune eſpéce de déférence. Si les conditions ſont confondues, n'en accuſons pas le luxe.

En Allemagne, le luxe ne confond point les conditions.

Qu'on jette les yeux ſur l'Allemagne, & l'on verra ſi c'eſt le luxe qui confond les conditions dans ce Pays où les Gentilshommes ont conſervé tous les priviléges que leurs ſemblables ont eu dans presque toute l'Europe ; ils sont singuliérement respectés. Le plus riche Roturier se croit au-dessous du plus pauvre Gentilhomme. Il lui donne en toute occasion des marques de déférence & de respect qu'il croit lui devoir. En Hollande au contraire, où les priviléges des Gentilshommes sont tombés, l'Ouvrier du dernier ordre dispute de tout avec le plus opulent Gentilhomme. Il n'y a cependant pas moins de luxe en Allemagne, qu'en Hollande, à proportion des richesses. Au reste, en citant ces différentes loix & les mœurs diverses qui en résultent, je ne prétends ni les approuver, ni les condamner. Je ne les rappelle, que pour prouver que le luxe ne contribue en rien à égaliser les conditions.



M. de Montesquieu décide que c'est le luxe qui confond les con-

Réfutation des sentimens de M. de Mon-

CHAP. VIII.

[...]esquieu au sujet du luxe.

ditions ; il fait plus encore, il décide que tout eſt perdu, lorſque les conditions ſont confondues. Voici ſes paroles : *Tout eſt perdu, ſur-tout lorſque la profeſſion des Traitans devient honorable ; & elle le devient, dès que le luxe eſt en vigueur.* Je ne ſens la vérité ni de l'une, ni de l'autre de ces deux propoſitions. C'eſt le luxe qui rend la profeſſion du Traitant honorable ; mais en quoi ? Luxe ou non, ou pour parler plus juſte, quelqu'eſpéce de luxe qui regne dans un Etat, dès que la naiſſance & les titres ne donneront aucune prérogative réelle, toute la différence qu'il peut y avoir entre les hommes, ne viendra que des richeſſes, des emplois & des alliances. Deux Citoyens, qui, n'ayant point d'emploi, auront des alliances & des richeſſes égales, doivent être égaux.

*Tout est perdu, lorsque la profession de Traitant devient honorable :* Je ne vois pas pourquoi. Faut-il, pour empêcher qu'elle soit honorable, abaisser les Traitans, où enorgueillir la Noblesse ? Mais quel bien peut retirer l'état de l'humiliation des gens riches, ou du mépris des Grands pour le reste des hommes dont la nature les distingue si peu ?

CHAP. VIII.

Réfutation de la seconde proposition de M. de Montesquieu.

Jugeons-en sur l'expérience. Voit-on que tout soit perdu en Angleterre & en Hollande, où ceux qui levent les deniers publics jouissent plus que par-tout ailleurs d'une considération égale à celle des autres Citoyens ? Loin de cela, je crois qu'on peut dire que la terre n'eut jamais de Peuple plus florissant que ceux-là. Rome fut-elle perdue, pour avoir mis ses finances, dès les commencemens, entre les mains de ses

Preuves de fait contre l'opinion de M. de Montesquieu.

CHAP. VIII.

Chevaliers qui formoient le second ordre de l'Etat?

L'humiliation de l'état deFinancier ne peut remédier à rien : elle ne peut qu'être un mal de plus dans un Etat.

Lorſqu'on voit tous les Financiers faire des fortunes ſubites & immenſes, c'eſt une preuve qu'il y a une grande partie des revenus de l'Etat de détournée: & c'eſt un grand mal. Mais au lieu de chercher à y remédier, en y mettant plus d'ordre, faut-il avilir une profeſſion néceſſaire? En l'humiliant, on ne pourroit qu'aggraver les maux. Il n'y auroit plus que la grandeur des gains qui pût faire ſurmonter le dégoût qu'on auroit de cette profeſſion. Au lieu d'avoir le choix des Sujets, on ne trouveroit plus que des gens réellement vils pour l'exercer.

Ce n'eſt certainement pas au moyen de leur conſidération que les Financiers pour-

Je ſçais que quand toute la conſidération eſt attachée aux richeſſes, c'eſt la preuve la plus complette que les mœurs ſont entiérement

tiérement corrompues, puisque l'inutile opulent est préféré au Citoyen qui sert généreusement sa patrie. C'est la richesse alors qui est adorée dans les cœurs. Tous les mouvemens se rapportent à elle : il n'y a plus de vertu. Mais seroit-ce un sûr moyen de rétablir les mœurs, que d'ôter à un honnête homme Financier la part qu'il doit avoir à la considération publique ? Qu'on ne dise pas qu'en dégradant ces hommes, on les rendroit moins hardis oppresseurs. S'ils l'étoient, ce ne seroit pas de leur considération qu'ils auroient pu tirer des moyens d'opprimer : ce seroit des loix singulieres qui auroient pu être faites à leur avantage.

CHAP. VIII.

roient opprimer, ce ne pourroit être qu'au moyen des loix.

Je crois devoir observer à la fin de ce Chapitre, qu'il se peut que l'esprit d'une nation se tourne tellement au luxe, qu'elle en fasse

Observation générale sur ce Chapitre. Maux que fait le luxe lorsqu'il devient excessif.

CHAP. VIII.

en quelque ſorte ſon unique objet; que les Particuliers de chaque claſſe veuillent s'égaler, par des dépenſes de parades, à ceux des claſſes qui leur ſont ſupérieures; que le ſimple Ouvrier même ſe refuſe le néceſſaire & les plaiſirs réels, ou ſe ruine pour briller. Alors le luxe eſt très-deſtructeur: c'en eſt un excès énorme, & l'excès dans tout eſt un vice.

Ce qui peut porter une nation à donner dans un luxe exceſſif.

Ce déſordre ne peut pas naître d'une fantaiſie, ou d'un goût dépravé général: la choſe eſt abſolument impoſſible. Nul homme ne peut avoir plus de goût pour la futilité, que pour les vrais biens, ni préférer le brillant aux plaiſirs qu'offre la nature. Mais on verra ce mal arriver, lorſqu'il n'y aura abſolument que les richeſſes d'eſtimées, & que l'on ne comptera qu'elles dans le jugement qu'on portera des hommes; lorſqu'enfin les richesses seront en telle considération, qu'on en respectera même l'apparence : considération, qui, non-seulement est flateuse par elle-même, mais qui mene encore à la fortune, en assurant le crédit. On verra ce désordre, lorsque les faveurs s'accorderont au brillant, & non pas au mérite ; lorsque les Grands se feront des graces qu'ils auront à distribuer un surcroît de ressource pour leurs plaisirs, au lieu d'en faire la récompense de la capacité & des vertus de ceux qui, employés sous leurs ordres, leur acquerroient par leur zèle une gloire qu'ils devroient rechercher par-dessus tout, mais dont on ne fait plus de cas ; lorsque ces mêmes Grands, dégradant eux-mêmes la naissance, la compteront pour rien dans ceux qui sont au-dessous d'eux, & préféreront

CHAP. VIII.

l'ignoble flateur au Gentilhomme respectable & vertueux ; enfin, lorsque tout cédant devant le luxe on trouvera préférable, & que par la corruption générale, il sera réellement plus avantageux de se choisir pour société un homme en habit de mode, qu'un ami doux, ferme, éclairé & droit. Lorsque... mais je vais trop loin : ceci dépend des mœurs, & les mœurs, je l'ai déja dit, ne sont pas de mon sujet.

# CHAPITRE IX.

## De l'Impôt, de sa posée & de ses effets.

### ARTICLE PREMIER.

### Nécessité de l'Impôt.

Tout Etat a des besoins ; ainsi dans tout Etat il faut des impôts.

IL faut qu'il y ait des Impôts dans un Etat. Ils entrent nécessairement dans toutes les espéces de constitution qu'on pourroit lui supposer. Ils lui sont aussi essentiels que la Hiérarchie, d'où nous les avons vu naître (*).

L'impôt est plus nécessaire dans les Etats non isolés, parcequ'ils ont plus de besoins.

Si l'impôt est nécessaire dans un Etat isolé, il l'est bien davantage encore dans un Etat qui ne l'est pas. Quelles dépenses, &

(*) Voyez le commencement du Chapitre deuxieme de la premiere Partie.

CHAP. IX.

quels impôts ne demandent pas les guerres qu'il a à ſoutenir? Combien ne lui en coûte-t-il pas dans la paix, pour ſe mettre en état de faire face à ſes Voiſins?

Si l'on fait abſtraction des mœurs, tout Etat n'a de force que par impôt.

Tout Etat n'a de force, que par l'impoſition & par les mœurs. Ainſi, en faiſant abſtraction de ces dernieres, ſa force eſt toujours proportionnée à la grandeur de l'impôt : le produit de l'impôt en eſt l'exacte meſure. Si l'on veut diſtinguer la force du Gouvernement, de celle de l'Etat, on peut dire que la force du premier dépend encore plus de l'impôt, que celle de l'autre.

On comprend ſous le nom d'*Impôt*, tout revenu de l'Etat tel qu'il ſoit.

Pour qu'il ſoit vrai de dire, que *tout Etat n'a de force que par l'impoſition*, & de le dire avec exactitude, il faut comprendre ſous le nom d'*Impoſition*, non-ſeulement tout ce que le Gouvernement leve ſur les Peuples, mais toûs ſes revenus quels qu'ils ſoient, tous ſes droits & prérogatives : comme de Monnoie, de Collation de Bénéfices, d'Octrois, de Priviléges, de Charges, de Dignités, d'Honneurs.

On ne voit aucun Etat où le Gouvernement ne reçoive rien.

Si l'on voit quelque Etat où le Gouvernement ne leve rien ſur les Peuples, il n'y en a point où il n'ait des revenus de quelque nature. Dans certains endroits de la Suiſſe, les Peuples ne donnent abſolument rien au Gouvernement ; mais il y a de gros fonds attachés à la Magiſtrature, & d'autres encore, pour l'entretien des Suppôts de Juſtice.

Si une partie du produit de l'impôt eſt abſorbée par ceux qui ſont employés à ſa perception ; ſi le Gouvernement l'emploie à des choſes inutiles, l'Etat ſans

Lorſque nous diſons que la grandeur de l'impôt eſt l'exacte meſure de la force de l'Etat ; nous ſuppoſons deux choſes : *Beaucoup d'économie dans l'emploi des deniers publics, beaucoup d'ordre & de fidélité dans leur levée.* Lorſque

CHAP. IX.

doute en perdra une partie de sa force.

le Gouvernement péche dans ces deux objets, sa force est certainement de beaucoup moins grande qu'elle devroit l'être à proportion du produit de l'impôt.

Pour faire tête aux plus puissans ennemis dans l'état actuel des choses, il n'est question que de se faire des finances égales aux leurs ; c'est-à-dire, d'augmenter les impôts suivant certaine proportion.

Il est si vrai que *la force de l'Etat est toujours proportionnée à la grandeur de l'Impôt*, que tel Roi que ses Peuples admirerent, & dont j'entends encore à tout moment parler avec éloge, ne doit toute sa gloire qu'à la connoissance qu'il avoit de ce principe, & qu'à l'usage qu'il en a sçu faire. Il soutint de longues guerres contre des Puissances réunies, dont les Peuples étoient deux fois plus nombreux que les siens. Mais c'est parcequ'il a vû que, pour leur faire tête, il ne s'agissoit que de doubler les impôts dans ses Etats. Par-là, tirant le double de chacun de ses sujets, ou si l'on veut, exigeant autant d'un arpent,

pent, que ſes ennemis exigeoient de deux dans leurs Provinces, il ſe trouva des forces capables de balancer celles qu'on lui oppoſoit.

En augmentant les impôts dans un Royaume, on force les Etats voiſins à les augmenter auſſi chez eux

Ce Monarque, en augmentant ſans ceſſe les impôts dans ſon Royaume, a forcé les Puiſſances à qui il avoit à faire d'augmenter auſſi les impoſitions qu'elles levoient ſur leurs ſujets, pour ſe mettre en équilibre avec lui. Ainſi le mal qu'il fit à ſes Etats, s'étendit au loin.

Employant toute ſorte de manœuvres pour avoir de l'argent, il épuiſa ſans exception toutes les reſſources des Etats qu'il avoit à gouverner : il dépenſa le capital avec les revenus, par le moyen des emprunts immenſes qu'il fit à gros intérêt, & n'a laiſſé à ſon ſucceſſeur qu'un Royaume moins étendu qu'appauvri, & les mêmes guerres à ſoutenir, ſans avoir à beaucoup près, les mêmes moyens.

CHAP. IX.

Plus le Gouvernement leve d'impôts, plus il a de forces ; plus il a de forces, moins il y a de révoltes.

Nous avons dit que *la force du Gouvernement dépend encore plus de l'Impôt, que celle de l'Etat* : tous les Gouvernemens actuels de l'Europe en ſont la preuve parlante. C'eſt la grandeur des impôts qu'ils levent, qui les mettent en état d'être toujours puiſſamment armés, qui affermit leur autorité ſur les Peuples, & qui ôte à ceux-ci les moyens de ſe *rebeller*.

Dans les pays où le Gouvernement leve moins d'impôts, il y a plus de révoltes.

En Pologne & en Suéde, où les Rois levent peu d'impôts, & ſont conſéquemment peu puiſſans, on voit beaucoup plus fréquemment des révoltes, que partout ailleurs.

Un Etat où les mœurs ſont bonnes, eſt beaucoup plus fort que celui où elles ſont corrompues

Un Etat peut trouver de grandes reſſources dans les mœurs, ſoit pour la paix & le bon ordre intérieur, ſoit pour les opérations qui ſe rapportent au-dehors :

l'attaque & la défense, les colonies, le commerce intérieur ou étranger. *Par mœurs*, j'entends *un attachement aux Loix écrites, & à celles que dicte la Nature.* J'entends encore *cette grandeur d'ame*, qui porte le Particulier à préférer le bien de l'Etat au sien propre.

Preuve de fait de l'avantage des mœurs.

Ce sont les mœurs qui donnoient aux Républiques anciennes cette force étrange que nous avons peine à concevoir. Les mœurs suffisoient dans la plupart pour les soutenir : on n'y payoit presque point d'impôt, pendant la paix.

CHAP IX.

## ARTICLE II.

### *Avantages & désavantages que l'on trouve à lever les impôts en argent, au lieu de les lever en nature.*

Avantage & inconvenient général de la levée de l'impôt en nature.

L'IMPÔT peut s'exiger en argent, ou en nature. Il paroîtroit fort avantageux qu'il fût établi, sur toutes choses, en nature. De cette façon, il seroit toujours exactement proportionné aux valeurs. Mais quand il est établi en nature, la régie & l'emploi de son produit en deviennent très-embarrassans : il est donc bien plus avantageux au Gouvernement de l'exiger en argent.

Preuve de fait de la possibilité qu'il y a à lever l'impôt en nature.

Sur cette question, j'observerai, qu'il n'y a pas cinquante ans, que tous les impôts se levoient en nature en Russie. C'est Pierre le Grand qui, le premier, les y a exigés en argent.



Autre maniere de lever l'impôt en nature, usitée en Suéde, elle n'entraîne aucune régie.

Encore actuellement en Suéde, on envoie les troupes dans certains cantons pendant la paix. On les y disperse par Villages, Officiers & Soldats; & le Paysan est obligé de leur fournir, à proportion de ses biens, de la farine, des viandes, de la biere, du beurre, des souliers, de l'eau-de-vie, du vinaigre, du fil, des clous, &c. car cette Légende, que j'ai cru devoir placer ici à cause de sa singularité, ne finit point. Cette fourniture fait, d'une part, tout l'impôt de l'Habitant; & de l'autre, toute la solde des Troupes. En temps de guerre, chacun de ces Cantons est obligé de fournir un nombre déterminé de Soldats, de les entretenir à ses frais; & de les remplacer, en cas de désertion ou de mort.

CHAP. IX.

Il feroit très-avantageux au Cultivateur que les impôts, qui sont sur les terres, fussent levés en nature.

C'est particuliérement sur les terres, qu'il feroit du bien du Peuple que les impôts fussent levés en nature. Car il seroit très-important qu'ils suivissent les inégalités de leur produit annuel : ce qui ne se peut, en les exigeant en argent.

En les exigeant en argent, il est lésé dans les mauvaises années.

On exige toujours la même quantité d'argent du même champ, quand l'impôt s'exige en argent. De-là il arrive que les terres d'une contrée, où l'année a été mauvaise, payent beaucoup trop, tandis que celles d'une contrée, où l'année a été bonne, payent trop peu : ni l'une, ni l'autre ne paye à proportion de sa récolte.

Lorsque l'impôt est en argent, il absorbe une partie de la récolte d'autant plus grande, que l'année est plus mauvaise.

Les grains étant plus chers dans les Provinces où l'on a peu recueilli, il en faut moins pour payer l'impôt. Le Gouvernement, en exigeant toujours la même somme, en exige réellement une plus petite quantité : ainsi ces Provinces gagnent à cet égard. cela diminue une partie du mal sans doute ; mais il en reste toujours beaucoup, parceque le commerce rapprochant le prix des marchandises, dans les différentes parties de l'Etat, le prix des choses que donne l'agriculture, n'est pas proportionné, dans les divers cantons, à la quantité qu'on y en a recueillie. Le froment ne sera pas une fois plus cher dans une Province où l'on n'en aura recueilli que peu, que dans une autre, où, à champ égal, on en aura recueilli le double. Ainsi, la Province la plus maltraitée par les causes physiques, le sera aussi davantage par le Gouvernement politique. Elle sera obligée de lui donner une plus grande portion de sa récolte.

CHAP. IX.

Nous avons vu que l'impôt ſur les terres devoit être proportionnel au profit qu'elles donnent, & non à leur produit réel. C'eſt-à-dire, qu'elles ne doivent être taxées, qu'au *prorata* de ce qu'elles rendent, tous les frais de cultures prélevés (*).

Si l'on fait attention à ceci, en comparant les deux Provinces dont je viens de parler, on trouvera encore la plus malheureuſe beaucoup plus léſée ; puiſqu'au-lieu de payer, à proportion du profit de ſa récolte, elle paye trop, même en comparaiſon de la totalité.

La facilité que le Gouvernement trouve à lever l'impôt & à ſe ſervir du produit lorſqu'il eſt en argent, a déterminé preſque tous les Gouvernemens de l'Eu-

Les grands avantages que le Gouvernement trouve à la levée des impôts en argent, ont décidé tous ceux de l'Europe à l'établir de cette maniere ſur les terres.

(*) Voyez là-deſſus le Chapitre ſecond.

rope à le lever de cette maniere.

On peut dire que le mal qui en résulte dans les mauvaises années, est en partie compensé par le bien qu'on y trouve dans les années abondantes. Ajoutons qu'il est rare d'ailleurs que la même année soit mauvaise pour toutes les espéces de grains, & qu'elle soit encore mauvaise en même temps pour les fourrages, pour les vins & pour les troupeaux. Ainsi l'on voit qu'une partie compense toujours l'autre. Mais il en résulte cependant toujours une augmentation de vicissitudes dans le sort de chaque Citoyen; & cette vicissitude, comme nous l'avons dit, est pour l'Etat le plus grand des maux.

## Article III.

### *Effet des Impôts mis sur les terres.*

Si l'Impôt ne jette point les Cultivateurs dans la misere, il ne diminuera point la culture des terres.

Si l'Impôt est établi sur les terres proportionnément au profit qu'elles rendent, il n'en diminuera pas la culture. En effet, chaque Cultivateur prélevant toujours ce qui lui est nécessaire pour vivre, cette classe ne souffrira point : aussi ne diminuera-t-elle pas en nombre, & ses travaux ne souffriront-ils point non plus de diminution. Mais si l'impôt est établi proportionnément au produit réel des terres, alors le mauvais champ payera plus à proportion que le bon ; puisque les frais de culture en sont plus grands, comparativement à la récolte. Pour peu que l'impôt soit fort, on abandonnera tous les champs de la classe la moins féconde, & l'on en abandonnera toujours de nouveaux, à mesure que l'impôt augmentera.

Si l'impôt ne diminue pas la culture des terres, il ne fera point renchérir les denrées.

Si l'impôt qui est assis sur les terres n'en diminue pas la culture, il ne fera pas renchérir les denrées. La raison en est que le prix de celles-ci est déterminé par leur quantité, par le nombre des consommateurs, & par la masse d'argent; & l'impôt ne changeroit rien à l'état de ces diverses choses.

Si l'impôt diminue la culture des terres, les denrées renchériront dans les premiers momens.

Si l'imposition mal assise diminue la culture des terres, les denrées renchériront. C'est que le nombre des Consommateurs restant le même, il y aura moins de denrées: ce qui donnera sur cette partie plus de demandes, que de marchandises. Toutes les classes souffriront, puisque se trouvant

CHAP. IX.

alors moins de matieres à consommer, il y aura moins de consommation, & l'Etat se dépeuplera.

Si une denrée étoit seule imposée, sa quantité & sa consommation diminueroient.

Si l'impôt n'étoit mis que sur une partie des productions de la terre, la quantité des productions imposées diminueroit, & conséquemment ces productions renchériroient. Au contraire, la masse de celles qui ne seroient pas imposées, augmenteroit, & ces dernieres baisseroient de prix.

Raison pour laquelle la quantité d'une denrée qui seroit seule imposée, ou qui le seroit plus que les autres, diminueroit.

Supposons que l'on mette des impôts sur les vignes, & qu'on n'en mette pas sur les champs, la quantité des vignes devra naturellement diminuer. Par la raison que tout dans le monde étant par nuance, s'il y a des terres singuliérement propres aux vignes, & s'il y en a qui ne le sont qu'aux grains, il y en a beaucoup qu'il est indifférent de planter en vignes, ou de laisser en champ.

Il en eſt d'autres qui ne donnent que peu de profit étant miſes en vignes. Or les Poſſeſſeurs des terres de cette derniere eſpéce, arracheront les vignes qu'ils y auront, pour en faire des terres labourables, ſi l'on met une impoſition particuliere ſur les vignes ; parcequ'en les remettant de cette façon, ils en retireront davantage, n'ayant point d'impoſition à payer. Il eſt aiſé de voir, en ſuivant ce raiſonnement, que plus l'impoſition deviendroit forte, plus la quantité des vignes diminueroit.

Je ſuppoſe ici qu'il ſeroit libre à tout le monde de dénaturer ſes terres, & de les employer à ce qu'il lui plaît, le bien de l'Etat demanderoit que chacun eut cette liberté. On ne doit excepter que les bois, à la conſervation deſquels le Gouvernement doit veiller, de crainte que l'envie de jouir promptement ne porte les Particuliers à en détruire trop.

L'effet qui résulteroit d'un impôt qui porteroit sur les vignes, sans s'étendre sur les champs, se trouvera le même, si l'impôt mis sur la vigne est plus fort en comparaison de leur produit net, que celui qui seroit établi sur les champs, eu égard à leur produit. En quoi je suppose toujours que les frais de culture seront prélevés de part & d'autre. Qu'on suppose que les vignes payent le cinquieme, & les champs seulement le dixieme : l'effet de ces impositions sera le même que si, les champs ne payant rien, les vignes étoient imposées au dixieme.

L'effet d'une imposition particuliere sur les vignes.

Si la quantité des vignes diminuoit, le produit des vignes restantes augmenteroit, à cause du renchériſſement de leur production. Par-là, l'effet de l'impoſition ſeroit arrêté & diminué. D'autre côté, les vignes diminuant, le nombre des terres labourables augmenteroit, & conſéquemment la maſſe des grains. Le prix des grains baiſſeroit donc de quelque choſe : ce qui mettroit une nouvelle inégalité entre le produit des champs, & celui des vignes, inégalité qui ſeroit favorable à ces dernieres.

Seroit diminué par le renchériſſement des vins, qui auroit lieu, lorſqu'une partie des vignes auroit été arrachée.

Ce qui ſe voit réſulter de la comparaiſon des vignes aux champs, ſe trouvera la même choſe, en comparant les champs entr'eux. Si le champ enſemencé en froment, eſt plus chargé que celui qui l'eſt en d'autres grains, à proportion de ſon produit ; la maſſe de froment diminuera, & celle des autres grains augmentera, & *vice verſâ*, &c.

CHAP. IX.

L'impôt étant actuellement sur le champ, sans nul égard à la récolte qu'il donne, le Cultivateur Fermier trouve du profit à l'épuiser.

Si l'impôt est assis sur le champ même, sans égard à l'espéce de denrées qu'on peut lui faire porter, il déterminera le Cultivateur à y semer tant qu'il pourra les denrées les plus cheres : ce qui pourra devenir préjudiciable à l'Etat, en occasionnant l'épuisement des terres.

Si l'impôt avoit été posé différemment, on verroit moins de terres épuisées.

On voit dans beaucoup d'endroits des terres épuisées, pour avoir été trop chargées. L'impôt étant sur le champ même, plus on le charge, moins on paye, à proportion de son produit. Si l'argent qu'on exige d'un champ est tel, qu'il soit équivalent au cinquieme de sa récolte, lorsqu'on lui fait porter de l'orge, ou autre grain semblable, il n'équivaudra pas à la dixieme partie, lorsqu'on lui fera porter du froment.

Remarque sur le produit des terres en Allemagne.

Dans certaines parties de l'Allemagne, on seme peu de froment,

&

& c'eſt une des principales cauſes de leur grande population. On n'y voit point de terres épuiſées, parcequ'on ne leur fait porter que ce que nous appellons des menus grains : les champs ne s'y repoſent jamais, ils portent tous chaque année.

C'eſt au Poſſeſſeur des terres, comme nous l'avons déja dit, à ſupporter tous les impôts qu'on peut établir ſur elles. Le Cultivateur n'eſt, par rapport à lui, qu'un ſimple ouvrier, qu'un homme gagé, qui doit toujours également retirer de ſes travaux tout ce qu'il lui faut, pour ſatisfaire à ſes beſoins.

Quoique l'impôt appauvriſſe les Propriétaires, ce n'eſt pas par cette raiſon qu'il fera diminuer l'agriculture

On peut dire qu'il ſuffit que l'impôt diminue la richeſſe des Poſſeſſeurs des terres, pour qu'il diminue la maſſe des denrées & faſſe diſparoître l'abondance.

En effet, il eſt reconnu que les Propriétaires mal-aiſés laiſſent toujours dépérir leurs héritages; & que leurs fonds rapportent moins, que ceux des riches, parceque ceux-ci tiennent les leurs en meilleur état. A cela je reponds, que comprenant, comme on doit le faire, dans les frais de culture, toutes les réparations nécessaires au bien de la chose, l'impôt, s'il étoit assis de la maniere que nous avons expliqué, n'empêcheroit point les petits Possesseurs de faire à leurs fonds toutes les améliorations convenables; & que d'ailleurs, impôt ou non, il y aura toujours dans tout Etat des Possesseurs de fonds de toute espéce, riches, pauvres, soigneux, négligens, prévoyans, avides, &c.

## ARTICLE IV.

### *Si les terres des riches doivent être plus imposées que celles des pauvres.*

Tout Possesseur doit payer à proportion de ce qu'il possède.

DOIT-ON mettre plus d'impôts sur les terres des riches, que sur celles des gens mal-aisés? Question très-facile à résoudre. Si l'on n'en juge que par la commisération, rien n'est plus simple : c'est aux riches à tout supporter. Mais à consulter la Justice, je crois qu'on en décidera différemment. Le Gouvernement n'est pas établi pour les seuls riches. Il travaille également à assurer les possessions, la tranquillité & la vie de tous ceux qu'il regit, de celui qui a peu, comme de celui qui a beaucoup. L'impôt étant une réconnoissance de ses soins, un échange d'un bien que l'on donne contre une utilité que l'on reçoit : l'impôt étant, si l'on veut encore, un sacrifice que l'on fait d'une partie de ses richesses, pour assurer le tout, il doit être payé par tout le monde, à proportion de ce qu'il posséde.

Il est indifférent pour l'Etat que les possessions des riches soient plus imposées que celles des pauvres.

A considérer la chose du côté du bien de l'Etat, on trouve qu'il lui est parfaitement égal que les petits Possesseurs des terres payent à proportion de leur fonds, ou que les riches soient surchargés à la décharge de ceux-là. Le Gouvernement, dans ces deux cas, trouvant la même somme, n'en est ni plus ni moins fort. L'Etat n'en est ni plus ni moins en souffrance. Tout ce qui résulte de la surcharge des riches, c'est que les fortunes des différens Particuliers en sont un peu plus rapprochées. Elles en deviennent un peu moins inégales, & leur inégalité, comme nous l'avons vu, ne contribue pas beaucoup au bien général.

Loi d'Athènes pour la surcharge des riches.

A Athènes, ceux qui ne retiroient pas de leur bien deux cens mesures de fruit, ne payoient absolument rien à l'Etat. Ceux qui en retiroient deux cens, payoient le sixieme d'un talent. Ceux qui en retiroient trois cens, payoient un demi talent; & ceux qui en retiroient cinq cens, un talent. M. de Montesquieu approuve beaucoup cette loi, & donne de grands éloges à l'Esprit qui la dicta. La raison qu'il en donne, *c'est que chacun ayant un nécessaire physique égal, on ne doit taxer que l'excédent. Taxer le nécessaire, selon lui, c'est détruire.* Mais cette raison a plus d'apparence que de solidité. Sa fausseté consiste, en ce qu'elle suppose une chose qui n'est pas, & qui ne peut pas être: *C'est que chacun doit trouver dans ses terres de quoi satisfaire à tous ses vrais besoins.* En effet, si on ne le suppose pas, si on veut s'appercevoir, qu'à parler généralement, chacun peut se procurer son nécessaire par son travail, on verra que le raisonnement tombe de lui-même, & n'est plus applicable à rien. Pourquoi détruira-t-on un Paysan qui n'a que dix arpens de terre, en le taxant pour ses dix arpens? Pourquoi périra-t-il par-là, plutôt que son voisin, qui vit du travail de ses mains, sans posséder aucun bien fonds?

Effet de la loi d'Athènes.

L'effet direct de la loi d'Athènes dont nous parlons, étoit de rapprocher les fortunes de l'égalité, en absorbant par l'impôt une partie de l'opulence des gens riches. Son effet secondaire étoit de diminuer le luxe, en ce qu'elle mettoit les riches hors d'état de lui donner autant qu'ils auroient fait sans elle. Par-là elle occasionnoit une diminution dans la classe des Ouvriers de luxe, & soutenoit les petits Possesseurs des terres.

Effet de l'imposition qui est proportionnée aux biens.

L'effet de la loi qui taxe tous les fonds sur leur valeur, sans aucune considération pour la richesse de leurs Propriétaires, est d'augmenter le travail de ceux qui sont en même-temps Possesseurs & Ouvriers. C'est de forcer ceux des Propriétaires de fonds qui, vivant sans travailler, ne retireroient de leurs biens exempts d'impôts, que le nécessaire physique, à chercher de l'emploi ou du travail, pour regagner ce que l'impôt leur ôte.

La loi d'Athènes, à certains

CHAP. IX.

La loi d'Athènes étoit plus conforme à l'esprit de la démocratie.

égards qui ne sont pas de mon sujet, pouvoit être de quelqu'utilité dans un Etat, dont le Gouvernement étoit démocratique : gouvernement qui tend à l'égalité, quoique cette égalité soit contraire à la nature de tout Gouvernement.

Que tout Gouvernement démocratique ait tendu à l'égalité, on le voit par les efforts toujours répétés que firent toutes les Républiques anciennes, pour établir & conserver l'égalité de fortune entre les Citoyens. Que cet esprit soit contraire à la nature de tout Gouvernement, on le voit, en ce que tout Gouvernement suppose des Commandans & des Subordonnés, en ce qu'ils sont tous faits pour protéger l'industrie & le goût au travail d'où sort l'inégalité des richesses :

chesses : on le voit encore dans le fait par l'inutilité des efforts que firent les Républiques anciennes pour conserver l'égalité.

CHAP. IX.

## ARTICLE V.

### *Effets des impôts mis sur les marchandises manufacturées.*

L'impôt renchérit nécessairement les marchandises sur lesquelles il porte.

L'IMPÔT mis sur les marchandises, les renchérit nécessairement. Il faut toujours, après, comme avant la posée de l'impôt, que le Fabricant gagne à proportion des avances qu'il fait; l'Ouvrier, à proportion de son industrie, de son application & de sa force; le Marchand, à proportion de ses mises dehors, & des dangers qu'il court.

L'impôt mis sur les terres ne renchérit pas par lui-même les denrées, parcequ'on trouve de tranquilles Propriétaires, pour en supporter le poids. Mais en fait de marchandises, on ne trouve, pour tout payer, que l'acheteur.

L'impôt mis ſur les marchandiſes néceſſaires, n'en diminuera ni la quantité, ni la conſommation ; conſéquemment il ne détruira point l'Ouvrier. Cela ne peut être autrement, puiſque la conſommation des choſes néceſſaires eſt déterminée par le nombre d'hommes, & la quantité des marchandiſes, par la conſommation. En vain diroit-on que l'impôt, renchériſſant les marchandiſes, le bas-peuple ne peut plus s'en procurer la même quantité, & qu'ainſi la conſommation diminue. Cela ſeroit vrai, ſi le bas-peuple ne retiroit toujours que le même ſalaire de ſes travaux, s'il ne recevoit toujours pour ſes peines que la même quantité d'argent. Mais il augmente toujours ſa main-d'œuvre, à meſure que les marchandiſes qui lui ſont néceſſaires ren-

Quoique l'impôt renchériſſe les marchandiſes néceſſaires, il n'en diminue pas la conſommation ; ce n'eſt qu'en détruiſant le peuple qu'il peut la diminuer.

chériſſent, & par-là il ſe met en état de s'en procurer la même quantité qu'avant leur renchériſſement.

On prouve par la loi de l'équilibre, que l'Ouvrier doit renchérir ſa main d'œuvre à meſure que les choſes qui lui ſont néceſſaires augmentent de prix.

Il faut toujours au moins que ſon ſalaire lui ſuffiſe pour vivre, & qu'il ſoit en équilibre avec ſes beſoins. S'il ſe trouvoit un temps où la choſe ne fût pas ainſi, l'Ouvrier ſouffriroit, & diminueroit conſéquemment en nombre. Les Ouvriers, devenus moins nombreux, ne ſuffiroient plus à l'ouvrage : la main-d'œuvre renchériroit, & l'équilibre ſe rétabliroit de lui-même entre les ſalaires & les beſoins.

Il faut impoſer toutes les marchandiſes de même eſpéce proportionnellement à leur valeur.

Si l'on impoſe une marchandiſe, ſans impoſer en même-temps toutes les autres de même eſpéce qu'elle ; ou ſi de deux marchandiſes de même eſpéce, l'une eſt plus fortement impoſée que l'autre, la conſommation & la quantité de la plus chargée diminueront ; & la quantité, ainsi que la consommation de l'autre, augmentera. Il s'ensuivra de-là une augmentation d'Ouvriers, d'un côté, & de l'autre, une diminution ; ce qui est un mouvement très-nuisible.

Application du principe précédent.

Supposons qu'on impose d'un dixieme tous les draps qu'on vend de neuf, à quinze livres l'aune, sans mettre aucune imposition sur les autres, il arrivera que la plupart de ceux qui se servoient des draps de neuf livres, prendront par préférence de ceux de huit, & que ceux qui se servoient des draps de quinze, qui seront montés à seize livres treize sols, prendront de préférence les draps anciens de seize francs qui se trouveront meilleurs. Il n'y aura que ceux qui usoient des draps de douze francs, ou environ, qui pourront continuer de prendre dans les efpéces impofées. L'impôt ne fera diminuer ni la confommation, ni la fabrique totale des draps; mais la quantité de ceux qui feroient impofés, diminueroit, & celle des autres augmenteroit.

Un impôt pourroit être mis, de forte qu'il anéantiroit l'ufage des marchandifes fur lefquelles il feroit établi, & dans ce cas il ne produiroit plus rien.

Si de deux marchandifes manufacturées, peu différentes entr'elles, l'une vient à être impofée, & l'autre non, les manufactures de la marchandife impofée, tomberont bien-tôt totalement, par l'avantage que les manufactures femblables auront fur elles dans le commerce. L'impôt ne produira bientôt plus rien, & n'aura fervi qu'à mettre dans les Ouvriers un mouvement deftructeur.

Application du principe précédent.

Si dans un Etat où il fe fait des draps de dix livres & de onze livres l'aune, on impofe au cinquieme les draps de dix livres, qui alors monteront à douze livres, il eſt ſans aucun doute que les draps de dix francs tomberont bientôt totalement ; ceux de onze livres étant de meilleure qualité, & moins chers. Quand on n'imposeroit ceux de dix livres qu'au dixieme, il arriveroit la même choſe ; la meilleure qualité de ceux de onze livres les feroit préférer, lorſque l'impôt les auroit mis à prix égal. En appliquant le même raiſonnement à tous les objets de commerce, on trouvera que ce qui eſt dit plus haut, eſt vrai ſans exception.

## ARTICLE VI.

### *Effets des impôts établis sur les objets de luxe.*

Les impôts mis sur les objets de luxe en diminuent la consommation & la quantité.

TOUT impôt mis sur les objets de luxe, en diminue la consommation, & conséquemment aussi la quantité. Que tous les gens riches d'un Etat, considérés ensemble, aient trois cens millions de superflu, le total des sommes employées au luxe dans l'Etat, sera de même de trois cens millions. Qu'on suppose qu'avec cette somme, les riches achetent dix millions d'objets de luxe de différentes sortes ( ce qui fait trente livres pour leur prix moyen ), & qu'il survienne sur chacun un impôt du quart de leur valeur, ce qui portera ainsi leur prix moyen à trente-sept livres dix ſols, alors avec les trois cens millions d'argent, on ne pourra plus acheter que huit millions d'objets de luxe. Il ne pourra pas s'en vendre davantage : ainſi leur conſommation diminuera d'un cinquieme, par l'impôt. S'il ſe conſomme moins d'objets de luxe, il s'en fabriquera moins : ainſi toutes les fois que l'on mettra de nouveaux impôts ſur les objets de luxe, on diminuera le nombre des Ouvriers occupés à cette partie : on cauſera un mouvement deſtructeur.

Si la conſommation des objets de luxe diminue, le nombre des Ouvriers occupés à les travailler, diminuera.

Si en impoſant tous les objets de luxe à un quart de leur valeur, on diminue le luxe d'un cinquieme, le nombre des Ouvriers de luxe doit auſſi diminuer évidemment, par-là, d'un cinquieme. Mais il ſe paſſe un temps avant que les nouveautés, quelles qu'elles ſoient, parviennent à avoir leur plein effet dans un Etat. On ne verra pas d'abord le cinquieme des Ouvriers sans ouvrage. Les Maîtres ne se déferont que des plus mauvais. Les plus industrieux gagneront moins. La classe, considérée en totalité, souffrira & diminuera peu-à-peu, jusqu'à ce que l'équilibre moral soit rétabli, & jusqu'à ce que la cinquieme partie des Ouvriers soit entiérement retranchée.

Quelquefois un impôt mis sur une marchandise, en fait diminuer la quantité au-delà de toute proportion.

Quelquefois un impôt d'un cinquieme, ou d'un septieme de la valeur des choses, fait sur le champ renvoyer par les Maîtres plus de la moitié des Ouvriers. La chose arrive, lorsque l'impôt tombe sur des objets, dont on faisoit commerce avec les Royaumes étrangers. Cela vient de ce que l'impôt, donnant un avantage aux fabriques semblables des autres Nations, le commerce tombe.

Elle arrive encore, lorſque l'impôt tombe ſur une claſſe qui ſouffre déja beaucoup, parcequ'elle produit alors un découragement univerſel.

Effet d'un impôt qui eſt particulier à un objet de luxe.

Si l'on met un impôt ſur une partie des objets de luxe, ſans en mettre en même-temps ſur toutes les autres, la conſommation des objets impoſés diminuera par deux raiſons : premierement, comme nous venons de le voir, parcequ'une partie des ſommes deſtinées à leur achat ſera abſorbée par l'impôt ; enſuite, parceque les objets non-impoſés, étant moins chers à valeur intrinſéque égale, on les préférera aux autres. Ainſi l'impôt rendra beaucoup moins, qu'il n'aura paru devoir rendre, à en juger par la conſommation qui ſe faiſoit, avant ſa poſée : & l'impôt pourroit être de telle force, qu'arrêtant totalement la consommation, il ne produiroit plus rien, & seroit établi à pure perte.

Effet général des impôts établis sur le luxe.

Lorsque l'on met un impôt sur le luxe, il en résulte à-peu-près le même effet, à considérer la totalité de l'Etat, que si, tout impôt étant rejetté sur les terres, on chargeoit les terres des riches, plus que celles des pauvres, & qu'on chargeât chaque terre d'autant plus, que son possesseur est plus opulent. D'une & d'autre façon, c'est également le superflu qu'on taxe. On pourroit prendre indifféremment l'une & l'autre méthode, dans un Etat qui est à la plenitude de sa force, si la levée des impôts sur les marchandises n'étoit plus difficile & d'un produit plus incertain, que celle des impôts qui sont sur les terres.

Il est avantageux d'imposer les ob-

Mais dans un Etat qui cherche à étendre son agriculture & son commerce, il eſt tout autrement avantageux de taxer le luxe même, que de ſurcharger les terres des riches ; parcequ'en les ſurchargeant, celui qui, employant ſon ſuperflu à commercer, ou à améliorer des fonds, procure le bien de l'Etat, paye comme celui qui le diſſipe en futilités ; au lieu qu'en ne taxant que les objets de luxe, celui qui emploie ſon ſuperflu à des choſes utiles, ne paye rien.

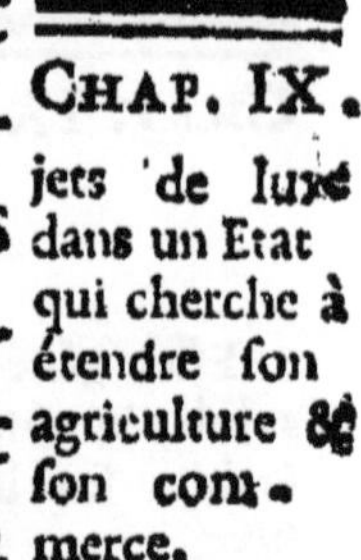
jets de luxe dans un Etat qui cherche à étendre ſon agriculture & ſon commerce.

## ARTICLE VII.

### *Considération sur l'emploi du produit des impôts.*

Le produit de l'impôt fait augmenter les classes sur lesquelles il se reverse.

TOUT impôt a autant d'effet dans l'emploi de son produit, que par sa posée. Si son produit est reversé dans les mains du bas-peuple ; s'il est employé en bâtimens, en remuement de terres, en fortifications ou autres préparatifs de guerre, il soutient & fait augmenter les métiers de nécessité. Si on le reverse sur la classe mitoyenne, en augmentant le nombre des Magistrats & Officiers inférieurs, & en donnant de modiques récompenses à ceux de cette classe qui ont bien mérité de l'Etat, il la soutient, & fait augmenter en même temps les métiers de commodité. S'il est au profit des riches, il fera croître le luxe.

A considérer la chose en elle-même, on voit que quelqu'impôt que l'on mette sur une classe, il ne la dépeuplera point, si on lui en rend le produit, si on lui donne autant qu'on lui prend. Pour n'occasionner aucun mouvement sensible dans l'Etat, il faudroit rendre à chaque classe le produit de tous les nouveaux impôts, qu'on peut lui demander.

Les impôts mis sur le luxe n'en diminueront pas la grandeur, si leur produit est rendu aux gens riches.

On peut dans un Etat mettre les plus forts impôts sur le luxe, sans que le luxe diminue. La chose arrivera, si tout le produit de ces impôts est reversé sur la classe des gens riches. Car alors la somme totale des superflus restant la même devant & après la posée des impôts, il y aura aussi nécessairement la même quantité de luxe. Si l'on impose à un quart de leur valeur tous les objets de luxe, à regarder la chose sous ce point de vue, le luxe doit diminuer d'un cinquieme. Mais si on rend aux riches tout le produit de cet impôt, ils le rendront au luxe, & celui-ci se trouvera le même qu'auparavant. Tout l'effet de l'impôt se réduira donc à augmenter le superflu de ceux qui sont attachés au Gouvernement, en diminuant celui des autres. Mais de-là il résulte aussi une augmentation de puissance pour le Prince.

## ARTICLE VIII.

### *Des impôts qui ne portent ni sur les biens, ni sur les marchandises.*

Des différentes manieres d'établir le tribut par tête, ou la capitation.

LE tribut par tête, est la troisieme & derniere espéce d'imposition qu'on puisse établir. Il est susceptible, ainsi que les autres, de mille variations dans sa posée. S'il est établi proportionnel aux biens, c'est comme s'il étoit mis sur les biens mêmes. S'il est plus que proportionnel à ces mêmes biens, il en résulte le même effet, que si les biens des plus riches étoient les plus chargés. S'il est plus égal que les biens; si chacun, pauvre ou riche, en paye autant l'un que l'autre, il est très à charge aux classes moyennes, c'est-à-dire, à ceux qui possédent peu de fonds. Cet impôt paroît se rapporter directement à la sûreté personnelle dont chacun jouit dans un Etat; l'impôt sur les terres, à la paisible jouissance des possessions; & ceux qu'on établit sur les marchandises, à la sûreté & à l'aide que le commerce trouve dans le Gouvernement.

Que les impôts soient sur les terres, sur les marchandises ou sur les personnes, ils ne font ni plus ni moins de mal.

Laquelle de ces trois manieres d'établir l'impôt que le Prince veuille choisir : qu'il en adopte une de préférence à toutes les autres : qu'il les adopte toutes les trois, ou deux seulement, l'Etat, dès qu'elles seront parvenues au terme de leur effet, n'en sera ni plus ni moins florissant. Les Peuples n'en seront ni plus ni moins heureux : tout dépend de la grandeur de leur produit, & de la maniere dont chaque impôt peut être assis & perçu.

On a établi dans quelque pays

De l'impôt sur l'industrie.

de l'Europe une nouvelle espéce d'impôt, qui ne se rapporte directement à aucune des trois espéces d'imposition dont nous avons parlé : cet impôt est nommé l'*industrie.* On peut le regarder comme un tribut établi sur les fonds mis au commerce ; mais il doit le gêner, & conséquemment le diminuer beaucoup. Je ne détaillerai point ici les raisons qu'on pourroit apporter contre cet impôt. En écrivant, on ne doit jamais oublier cette sage maxime : *Quem te Deus esse Jussit, & humanâ quâ parte locutus es in re, disce* (1).

La capitation a été très-bien imaginée pour corriger le défaut de nos loix Françoises qui exemptent presque tous les riches de payer la taille

Le tribut par tête, qu'on nomme *capitation*, a été très-judicieusement imaginé, pour contraindre les Gentilshommes, qui, dans certains Pays, ont le pri-

(1) Perf. Sat. 3.

Chap. IX.

vilége singulier de ne rien payer pour leurs terres, à contribuer aux charges de l'Etat, dont ils tirent certainement plus d'avantages qu'aucun autre Citoyen. Dès qu'on le voudra, on les amenera par cette voie, à payer comme les autres, *au prorata* de leurs biens.

## ARTICLE IX.

*Les Possesseurs des biens supportent toujours seuls tout le poids des impôts, de quelque façon qu'ils soient posés : les gens qui vivent du travail de leurs mains n'en supportent jamais aucun.*

L'IMPÔT, sur quelque chose qu'il soit posé, & de quelque maniere qu'il puisse l'être, est entiérement supporté par la classe des gens aisés : l'Ouvrier ne peut en rien en supporter le poids. Il arrive toujours qu'il renchérit sa main-d'œuvre, à mesure qu'il lui en coûte davantage pour vivre, se vêtir, se loger, & qu'il paye plus par lui-même.

Les Ouvriers renchérissent leur main-d'œuvre à proportion des impôts dont ils sont chargés ; ainsi ce n'est pas eux qui supportent les impôts qu'ils payent, ce sont ceux qui achetent leurs ouvrages.

J'observerai qu'il ne faut pas juger de l'effet des impôts qu'on met sur les Ouvriers, par ce que

En temps de guerre, l'Ouvrier souffre ; mais ce n'est pas en temps nous voyons en temps de guerre; où notre commerce souffre dans toutes ses branches, & où une quantité d'hommes meurent & s'expatrient. Il faut juger du sort de l'Ouvrier, sur ce que nous voyons après plusieurs années de paix.

*de guerre que l'équilibre peut s'etablir aisément.*

*Qu'on mette l'impôt sur l'ouvrage ou sur l'Ouvrier, c'est la même chose.*

Qu'on mette une imposition sur le fer, les ouvrages en fer rencheriront, & les Consommateurs supporteront cette imposition toute entiére. Qu'on mette la même imposition sur les Ouvriers en fer, leurs ouvrages renchériront de la même quantité.

*S'il y a de gros gains sur les mines de fer, les profits en pourront diminuer par l'impôt.*

Je suppose ici que les mines de fer n'aient point de Propriétaires; sans quoi ces Propriétaires pourroient se trouver obligés de supporter une partie, ou même la totalité de l'impôt.

*Pour connoître la valeur réelle d'u-*

Quand nous avons dit que l'imposition mise sur l'Ouvrier ne peut que faire renchérir l'ouvrage à proportion de sa force, nous ne disons qu'une chose très-sensible. En suivant ce principe, on voit que, pour trouver ce que coûte dans la réalité la main-d'œuvre d'une chose quelconque, il faut déduire de son prix tout ce que l'Ouvrier a payé d'impôt, pendant qu'il a travaillé, soit pour lui-même, soit pour l'achat des choses qu'il a consommées.

ne chose, il faut retrancher de son prix le montant de toutes les impositions qu'on a payées en la faisant.

Il est vrai que souvent ce rejet de l'imposition de l'Ouvrier sur l'ouvrage, ne se fait pas sur le champ. L'Ouvrier la supporte quelque temps en tout, ou en partie; mais alors sa classe souffre, puisqu'elle reçoit moins, qu'elle ne recevoit auparavant, & conséquemment elle diminue. Par sa diminution, le prix de la main-d'œuvre augmente, & l'équilibre se rétablit; c'est-à-dire,

Si l'imposition de l'Ouvrier ne se rejette pas d'abord sur l'ouvrage, les Ouvriers souffriront & diminueront, & leur diminution occasionnera le rejet de l'impôt dont nous parlons.

CHAP. IX.

que, toutes impositions payées; l'Ouvrier se trouve avoir le même salaire qu'avant la posée de l'impôt. Ainsi, en partageant tous les Citoyens en deux classes, dont l'une comprend ceux qui vivent du travail de leurs mains, & l'autre, tous ceux qui n'en vivent pas, de quelque maniere qu'on s'y prenne en fait d'impôt, c'est toujours ceux de cette derniere classe qui payeront tout, & ceux de l'autre n'en supporteront jamais rien.

L'impôt, sur les marchandises, est supporté par plus de monde que l'impôt sur les terres : il en est de même sur la capitation.

Mais entre les trois manieres principales d'établir l'impôt, il y a cette différence, qu'en le mettant sur les terres, ce sont leurs Propriétaires qui le payeront seuls : au lieu qu'en l'établissant sur les marchandises & sur les hommes, il est supporté par toute la classe des gens riches & aisés.

Ceux qui reçoivent des appointemens

temens du Prince, ne se ressentent point des impôts établis sur les terres; mais ils souffrent, comme tous les autres Citoyens aisés, des impôts mis sur les marchandises ou sur les têtes. Si les impôts sont tels, qu'ils renchérissent toutes les marchandises d'un quart, cette classe éprouve exactement le même effet, que si, n'y ayant point d'impôts sur cette classe, ses appointemens étoient diminués d'un quart.

CHAP. IX.

Retrancher une partie des appointemens à ceux qui sont employés par le Prince, ou leur faire supporter des impôts, c'est la même chose.

## ARTICLE X.

*Si en considérant l'impôt comme un simple reversement de denrées d'une classe sur une autre, on trouve qu'il n'est pas destructeur, lorsqu'il est bien assis, on ne peut pas s'empêcher de convenir que, même dans cette supposition, ses vicissitudes & ses mouvemens continuels ne soient très-destructeurs.*

Idée générale sur l'impôt.

A considérer l'impôt par lui-même, on voit qu'il n'est qu'un transport de denrées d'une classe à une autre.

Si l'impôt gêne le commerce & diminue l'agriculture, il est très-destructeur,

Ce transport n'emporte en lui-même aucune idée de destruction. Si l'impôt diminue la classe d'où il tire, il fait augmenter d'autant celle à laquelle il donne. Cela paroît revenir au même pour l'Etat, à l'envisager dans sa totalité. L'impôt, sous ce point de vue, ne semble pas devoir être destructeur dans le terme de son effet.

Il est évident que je ne parle ici que des impositions bien assises; car celles qui gênent & diminuent l'agriculture & le commerce, sont visiblement très-destructives par elles-mêmes. Elles tiendront un Etat dans l'abattement, tant qu'on ne les changera pas.

L'impôt détruit toujours dans les premiers momens de son établissement.

Mais l'impôt ne fût-il point destructeur par lui-même, il fera toujours beaucoup de mal dans les premiers temps de sa posée, par le mouvement qu'il occasionnera dans les classes qui le supporteront, & par le dérangement qu'il mettra dans le sort des Citoyens qui les composent.

Avantage de l'établissement d'un impôt invariable.

L'impôt, détruisant encore plus comme nouveauté, que par lui-même, il seroit très-avantageux à un Etat que ses impôts, une fois bien assis, ne variassent jamais. Il faudroit pour cela qu'ils fussent établis sur ses besoins estimés d'après une année moyenne, & que les peuples en supportassent de plus forts pendant la paix, que les besoins de l'Etat ne l'exigent, pour avoir de quoi soutenir la guerre, sans rien changer aux impôts. Lorsqu'on ne prend pas cette méthode, l'impôt augmentant & diminuant à chaque instant, toutes les classes se meuvent avec lui. Il suit de-là une destruction continuelle, soit dans les unes, soit dans les autres. Aucune ne peut jamais parvenir à l'équilibre qui doit être entre le nombre des hommes qui la composent, & les denrées qu'elle reçoit.

Moyens connus de rendre les impôts moins variables.

Les Lotteries, les Tontines & les Emprunts, lorsque la confiance publique une fois bien établie met dans le cas d'en faire à un intérêt raiſonnable, ſont des reſſources contre le mouvement des impôts. Par-là, on ſupplée à ce que l'impôt rend de trop peu pendant la guerre ; & on en fait le rembourſement pendant la paix, avec ce que l'impôt a de trop fort.

Il eſt évident que toute nouveauté détruit.

Pour mieux ſentir comment l'impôt détruit dans les momens où on l'établit, il faut ſe rappeller un principe certain, que tous les événemens prouvent : c'eſt que, dans un état tranquille, tout vient à l'équilibre moral, tout s'ajuſte au produit des terres, à la maniere de travailler, aux différens partages des richeſſes, au goût des Peuples, au climat, aux impôts. Plus cet équilibre eſt parfait, plus la population augmente, plus l'Etat fleurit. On ne peut toucher à cet équilibre, ſans cau-

CHAP. IX.

ſer un mal, ſans mettre quelque claſſe en ſouffrance. Toute nouveauté détruit dans les premiers inſtans où elle eſt établie.

Les nouveautés mêmes les plus utiles font toujours du tort à grand nombre de Citoyens.

Pour en être convainçu, qu'on ſe repréſente que, quand on inventa nos moulins actuels qui vont à vent & à eau, pour remplacer les moulins à bras dont on ſe ſervoit auparavant, en faiſant le bien général, on mit ſans pain une quantité conſidérable d'hommes qui gagnoient leur vie à moudre. Il arrivera la même choſe toutes les fois qu'on inventera de nouveaux moyens d'abréger les travaux des hommes. Mais dans ces nouveautés utiles, le mal eſt d'un moment, & le bien permanent: le mal eſt particulier, & l'avantage univerſel: elles intéreſſent les hommes de tous les ſiécles, & en un mot l'humanité, dont on ne ſçauroit trop adoucir les travaux.

Les reformes des troupes font beaucoup de malheureux, à supposer qu'elles soulagent le peuple.

Lorſqu'on réforme des troupes après une guerre où elles ſe ſont ſacrifiées en toute façon, on veut donner au Peuple l'eſpérance d'être ſoulagé dans ſes impôts, de ce que l'entretien de ces troupes réformées coûtoit ; mais quand même il s'en trouveroit ſoulagé, on n'en feroit pas moins une infinité de malheureux. Il n'y a pas juſqu'aux abus des finances, lorſqu'il y en a, qui ne jettent dans la néceſſité de faire des infortunés, en les réformant. Enfin on ne peut ôter un impôt, ſans tomber dans un inconvénient, ſans voir bientôt après des fortunes diminuées, & une partie des Employés ſans reſſource & au déſeſpoir.

Lorſqu'on introduit une nouveauté utile, on doit l'introduire avec précaution.

Toutes les nouveautés ſont tellement deſtructives, qu'il y a tel Etat où, ſi l'on faiſoit en même-temps tous les changemens qui réellement lui ſeroient avantageux, il en ressentiroit une secousse si forte, qu'il en seroit bouleversé & détruit. Ainsi on doit regarder comme un principe dont jamais il ne faudroit se départir : que, *dans tous les changemens qu'on juge expédient de faire dans un Etat, il faut toujours rallentir, le plus qu'il est possible, le mouvement qu'ils doivent causer.*

## ARTICLE XI.

### *Réflexions générales sur l'impôt.*

IL faut observer au sujet des impôts mis sur les terres, que, tout impôt diminuant la valeur des terres, & ne formant dans l'Etat qu'une richesse viagere & incertaine, ainsi que les emplois auxquels leur produit est attaché, il change en richesses précaires une partie des richesses foncieres de l'Etat : ce qui est un grand mal. C'est un mal, entr'autres raisons, parceque toute richesse précaire & viagere éloigne du mariage.

L'impôt mis sur les terres, change les richesses foncieres de l'Etat, en richesses précaires.

Si l'on refléchit à ce principe, on trouvera qu'il est contraire à la population & au bien de l'Etat, de permettre les fonds perdus & autres choses semblables,

Toute richesse viagere & précaire invite au célibat, & fait un mal.

CHAP. IX.

qui, en offrant une vie plus douce à ceux qui ne veulent rien laisser après eux, nous invitent au célibat, nous que nos mœurs n'y portent déja que trop.

Preuve de la diminution de valeur des terres qui sont chargées d'impôts.

Si, sur une ferme du produit de quinze cens livres, on met un impôt de trois cens livres, la valeur réelle de la terre en est baissée d'un cinquieme. C'est la même chose pour le Possesseur, que si l'Etat s'étoit emparé d'un cinquieme de ses champs. Et si l'impôt est regardé comme établi pour toujours, cette ferme n'aura pas plus de prix qu'une autre, qui, franche d'impôts, ne rapporteroit que douze cens livres.

Puisque, de quelque façon qu'on s'y prenne, ce sont les gens aisés qui payent les impôts des Ouvriers, il seroit très-avantageux de

S'il est vrai que tous les impôts qu'on peut mettre sur les Ouvriers, retombent nécessairement tout entiers à la charge des gens aisés, il n'est point d'occasion où il ne soit bien plus avantageux de mettre d'abord les nouveaux impôts qu'on voudra lever sur les gens aisés, que de les poser sur les Ouvriers. Le mouvement en sera bien moins grand & bien moins destructeur : l'Ouvrier ne s'en ressentira point.



mettre les impôts immédiatement sur ceux-là.

C'est sur-tout au Cultivateur de main-d'œuvre, qu'il est intéressant d'appliquer ce que j'ai dit généralement pour tous les Ouvriers. Tout le monde dit : ce n'est pas mon Fermier qui paye la taille, c'est moi-même. On a raison, en le disant. En effet, on retire toujours d'autant moins d'une ferme, que le Cultivateur, qui la fait valoir, est obligé de payer plus d'impôts. Mais puisque l'on en convient, pourquoi asseoir la taille sur le Cultivateur, & non pas sur le Propriétaire ? En l'établissant sur le Cultivateur, elle le détruit : l'Etat & le Proprié-

Ce principe doit sur-tout avoir lieu pour la classe des Cultivateurs.

CHAP. IX.

taire en souffrent davantage : elle fait deux maux. En l'établissant sur le Propriétaire, elle n'en feroit qu'un.

Raisons pour lesquels la classe des Cultivateurs doit être plus ménagée qu'aucune autre.

La classe des Cultivateurs ne peut être trop ménagée. Dès qu'elle souffre, toutes les autres souffrent, parceque la culture des terres diminue, & conséquemment la masse des denrées. Il n'en est pas de même d'aucune autre classe. Les pertes de la classe des Cultivateurs sont d'autant plus dangereuses, qu'elles se réparent plus difficilement ; c'est elle qui revient avec le plus de difficulté à l'équilibre lorsqu'elle l'a perdu, parceque c'est elle qui repeuple toutes les autres classes, & qu'aucune ne va la repeupler.

De plus, il n'en est pas du Cultivateur, comme de l'Ouvrier proprement dit. Celui-ci peut renchérir sa main d'œuvre, dès qu'il se voit gêné par de nouveaux impôts ; mais le Cultivateur est lié par un bail. Il suffit à l'Ouvrier d'avoir de quoi suffire à ses besoins journaliers ; mais il faut que le Cultivateur ait des avances pour travailler. Il faut qu'il en ait encore (parceque les fruits de ses travaux sont sujets à mille accidens), il faut qu'il en ait pour faire face aux grêles, aux gelées, aux sécheresses, aux mortalités de bétail, aux incendies, &c. Enfin on doit faire attention que le produit des terres qu'on confie au Cultivateur de main-d'œuvre, dépend beaucoup de son plus ou moins d'aisance.

Toutes choses égales d'ailleurs, le meilleur des impôts est celui dont la régie est la moins coûteuse.

Il n'est pas besoin, je crois, de prouver qu'il est également avantageux pour l'Etat & pour le Gouvernement, de préférer parmi les différentes sortes d'impôts, ceux qui exigent le moins de frais de régie ; ceux, dis-je, dont la levée est la plus facile, & le produit le plus fixe & le plus connu. Il est trop évident que tout ce qui se leve sur le Peuple, de plus que le Prince ne reçoit, fait souffrir l'un, sans enrichir l'autre.

Au moyen de l'impôt, le Gouvernement peut faire augmenter les classes nécessaires à l'Etat, & diminuer les autres.

L'impôt diminue la force des classes particulieres, & la consommation des objets sur lesquels il tombe ; ainsi le Gouvernement peut, par son moyen, faire augmenter, ou diminuer la quantité des choses sur lesquels il jugera à propos d'opérer. Par-là, il peut encore diriger le goût & l'esprit des Peuples de tel côté qu'il voudra, & les faire concourir à ses vues.

# CHAPITRE X.

## Des Finances.

### ARTICLE PREMIER.

*Les Finances ne peuvent absolument point augmenter la totalité des richesses d'un Etat, comme plusieurs l'on voulu soutenir. Effets des bons systêmes de Finances.*

Le meilleur systême de Finances possible appliqué à un nombre d'hommes quelconques, n'augmentera jamais la somme de leurs richesses.

JE fais cette question à ceux qui veulent soutenir que les Finances contribuent à la richesse d'un Etat, & conséquemment à la félicité des Citoyens : *Si plusieurs personnes, renfermées dans un espace déterminé, ont entr'elles dix mille écus, en leur appliquant un systême de Finances, c'est-à-dire, en partageant entr'elles leur*

CHAP. X.

*argent ſuivant certaine proportion, ou en leur faiſant faire entr'elles des billets obligatoires, la totalité de leurs richeſſes ſe trouvera-t-elle augmentée?* Si perſonne n'oſe le ſoutenir, perſonne ne doit avancer non plus, que les Finances puiſſent augmenter les richeſſes d'une Nation.

En quoi les projets de Finances peuvent être utiles.

Que de bons projets de Finance ſoient très-utiles à un Etat, c'eſt ce qu'on ne peut pas nier. Ils augmenteront le produit des impôts qu'on a coutume de lever, par la ſimplification de leur régie. Ils feront établir de bonnes loix, qui, ſans gêner le commerce, préviendront les fraudes qu'on pourroit faire, pour ſouſtraire à l'impôt les marchandiſes qu'on y a ſoumiſes. Ils montreront la maniere la moins onéreuſe d'aſſeoir les nouveaux impôts, & la façon de rendre les anciens moins onéreux.

reux. Ils donneront au Gouvernement les moyens de faire les emprunts dont il aura besoin à un intérêt moins fort, que celui qu'il a coutume de donner. Toutes ces choses sont très-importantes.

Effets directs des bons projets de Finances.

La premiere de ces opérations a pour effet de diminuer la fortune & le nombre des Employés, pour enrichir d'autant le Gouvernement. La seconde, d'égaliser le sort des Marchands, & d'augmenter le Fisc du produit des gains illicites qui se faisoient, ou qui auroient pu se faire, en passant des marchandises en fraude. L'effet de la troisieme opération, est de rendre insensible le mouvement que causent les nouveaux impôts, d'ôter ou diminuer les embarras du commerce, & de hâter le retour de l'équilibre entre les classes. Par la quatrieme, on pourvoit au besoin de l'Etat,

CHAP. X.

avec moins de charge pour le Peuple. Toutes les quatre procurent le bien général.

Un bon Financier est un homme très-utile ; mais quoiqu'il fasse, n'ayant à opérer que sur l'impôt, il n'augmentera jamais les richesses de l'Etat.

Un bon Financier qui donne des lumieres sur toutes ces parties, est certainement un homme très-précieux au Peuple & au Prince. Il faut être de la partialité la plus répréhensible, pour s'obstiner à en disconvenir. Mais toutes ses opérations n'augmenteront jamais en rien la masse totale des richesses d'un Etat.

La Finance n'opére que sur l'impôt. Soutenir qu'elle enrichit l'Etat, c'est soutenir que l'impôt en augmente par lui-même les richesses : c'est soutenir qu'il procure la félicité des Peuples.

## ARTICLE II.

*Les Finances ne peuvent augmenter en rien la circulation des espéces, elles ne font que la diriger dans d'autres canaux.*

LES *Finances*, disent ceux qui les veulent trop exalter, *produisent la circulation. C'est multiplier les espéces, que d'en augmenter le mouvement : & certainement c'est enrichir l'Etat, que de multiplier ses effets. La circulation donne par-tout la vie, comme son engourdissement donne la mort.*

Avantages qu'on a attribués aux Finances hors de propos.

Ce raisonnement que j'ai entendu faire, & par lequel j'ai vu produire plus d'une fois la séduction, n'est rien moins que solide. Il n'a pour base, qu'un faux exposé fait avec hardiesse. Les Fi-

Preuve que les Finances n'augmentent point la circulation des espéces.

nances n'augmentent en rien la circulation : elles ne peuvent tout au plus que la changer. Sur douze cens livres de rente, j'en paye quatre cens d'impôt. Il eſt certain que les Finances font circuler les quatre cens livres que je donne. Mais en demeurant à ma diſpoſition, cet argent n'auroit pas moins circulé. De douze cens livres, je me vois réduit à huit cens : je n'achete d'effets que pour huit cens livres. Si je n'avois été impoſé à rien, j'en aurois acheté pour douze cens, & les quatre cens que j'ai payées, auroient circulé tout de même.

On ne peut pas dire que j'aurois ſerré mes quatre cens livres. Car, impôts ou non, & quelque forts que ſoient les impôts, il y aura toujours également des Avares qui encaiſſeront, & des Prodigues qui feront ſortir l'argent de ceux-là, en leur vendant leurs fonds.



L'espéce de circulation que les Finances produisent, est plus utile qu'avantageuse.

La circulation qui vivifie, est celle que produit le commerce, lorsque les Cultivateurs trouvent aisément le débit de leurs denrées; lorsqu'ils achetent de l'Ouvrier; lorsque l'Ouvrier achete d'eux & du Commerçant; lorsqu'enfin tout le monde, quel qu'il soit, trouve aisément à vendre, selon sa valeur, le fruit de son travail. C'est cette espéce de circulation qui donne la mort, lorsqu'elle est engourdie, & qui fait d'autant plus de mal à l'Etat, qu'elle est plus rallentie. Mais de prendre à Pierre, pour donner à Jean, je ne vois pas que cette espéce de circulation doive procurer beaucoup de bien.

Lorsque celui qui a à vendre, ne trouve pas à se défaire de ses marchandises, tout languit: la masse des marchandises, denrées ou autres, diminue à proportion de la difficulté du débit : la population enfin tombe, & avec elle la prospérité de l'Etat.

## ARTICLE III.

### *La création des rentes sur le trésor, n'augmente point la masse totale des richesses de l'Etat.*

Utilité qu'on prétend attribuer aux Finances par la création des Effets Royaux.

ON dit encore *que ce sont les Finances qui donnent l'être à ce que nous appellons* EFFETS ROYAUX: *effets, qui forment de nouveaux fonds dans l'Etat; & qui conséquemment augmentent la masse totale de ses richesses.*

Les Effets Royaux sont sans doute de très-bons fonds; mais on ne les a créés qu'en diminuant la valeur de tous les autres.

Certainement les rentes sur le trésor public, sont de très-réels & de très-bons fonds. Mais si l'impôt leur donne l'être, nous avons vu que, d'un autre côté, il diminue la valeur de tous les autres fonds sur lesquels il porte. Ce n'est donc qu'en détruisant d'autres, qu'il peut former de nouvelles richesses.

CHAP. X.

Dire que les emprunts du Gouvernement enrichiſſent l'Etat, c'eſt comme ſi on ſoutenoit que les perſonnes, que j'ai ſuppoſées au commencement de ce Chapitre bornées à elles-mêmes dans un terrein déterminé, pourroient augmenter leurs richeſſes, en ſe faiſant des obligations mutuelles : ce qui viſiblement n'eſt pas vrai. En effet, toutes les obligations qu'elles pourroient ſe faire, n'enrichiroient ni les unes, ni les autres d'une obole.

Les obligations que les Particuliers contractent entr'eux, n'augmentent point la ſomme des richeſſes des Contractans.

Qu'André & Thomas ſe faſſent l'un à l'autre une obligation de mille livres, il n'en réſulte rien. Chacune de ces obligations eſt toujours ſoldée & anéantie par l'obligation contraire. Mais, dira-t-on, André peut vendre ſon obligation à Iſaac. Sans doute alors Iſaac la fera payer à Thomas, Thomas recourra ſur André ; & de tout

tout cela il ne peut résulter rien : c'est la même chose que si André avoit emprunté de Thomas, & qu'il eût payé Thomas.

CHAP. X.

On pourroit dire que, si André faisoit à Thomas une obligation pure & simple, sans en recevoir de lui, il se trouveroit dans la société un effet de plus, tout l'argent y étant toujours resté, & y ayant de plus cette obligation, qui a une valeur réelle. Mais par-là, la richesse totale n'augmente pas. Car André est solvable, ou il ne l'est pas. S'il ne l'est pas, l'obligation est visiblement nulle : s'il l'est, tout l'effet de l'obligation est de montrer qu'une partie de l'argent d'André appartient à Thomas. Prêter à un homme solvable, & en recevoir une obligation, cela n'enrichit ni l'un, ni l'autre.

Les effets royaux n'augmentent pas

Si l'on y fait attention, on verra aisément que les rentes sur le tré-

CHAP. X.

plus les richesses de l'Etat, que les obligations que les Particuliers contractent entr'eux n'augmentent la somme des richesses des Contractans.

sor public n'augmentent pas plus la masse générale des richesses d'un Etat, que celles qui se font sur les Particuliers. Or, celles-ci n'augmentent visiblement rien. Il ne peut pas y avoir de rentes qui ne diminuent les richesses de ceux sur lesquels elles portent, d'autant qu'elles augmentent les richesses de ceux au profit desquels elles se font. Que Paul ait un fonds de terre de la valeur de cent mille livres, & qu'il passe au profit de Jacques un contrat de cinquante mille livres, Paul & Jacques considérés ensemble, n'auront toujours entr'eux que la même quantité de richesses, après, comme avant le contrat. Celui de Jacques est un très-bon fonds de cinquante mille livres de valeur; mais il ne reste plus à Paul dans la réalité, qu'un fonds de cinquante mille livres, au lieu d'un ſonds de cent mille livres qu'il avoit auparavant : c'eſt comme s'il avoit cédé à Jacques la moitié de ſa terre.

Il en eſt de même à l'égard des rentes ſur le tréſor. Pour le voir clairement, il n'y a qu'à ſuppoſer, qu'au lieu de payer des impôts, les Peuples ont annexé des terres au Gouvernement, pour le montant de leur produit, & que le Gouvernement ne fait qu'emprunter à hypothéque ſur les terres qu'il poſſéde à ce titre : ou, ce qui eſt plus analogue à l'état de la choſe, il n'y a qu'à conſidérer que les emprunts du Gouvernement forment une totalité de contrats, dont chaque Citoyen eſt ſolidaire, & dont il paye une partie de l'intérêt.

## ARTICLE IV.

*On ne doit point regarder comme un avantage dû aux Finances l'utilité que l'Etat retire des emprunts qu'il fait dans ses besoins.*

Utilité qu'on prétend attribuer aux Finances, en ce qu'elles facilitent les emprunts de l'Etat.

*IL est souvent très-utile à l'Etat de pouvoir emprunter. Il est des momens où il éprouve des besoins pressans, qui demandent de prompts secours. Pour y remédier, il faut qu'il trouve de l'argent sur le champ. L'impôt n'en donne que tard : l'Etat n'a de ressource que dans l'emprunt ; or ce n'est que chez les Financiers qu'il peut trouver à en faire. On doit donc au moins aux Finances cette facilité d'emprunter, & le soulagement de tous les maux qu'on évite par cette voie.*

Réponse à cette derniere objection faite en faveur des Finances.

A cela on répond, que les Financiers, quels qu'ils soient, prêtent, ou comme Financiers, ou comme Riches. S'ils prêtent en qualité de Financiers, c'est donc en vertu des profits qu'ils font sur l'Etat, qu'ils prêtent à l'Etat : & dans ce cas, on doit croire que ces profits sont bien forts. S'ils prêtent uniquement parcequ'ils sont riches, ce n'est plus aux Finances à qui l'on doit l'emprunt : car s'il n'y avoit point de Financiers, il n'y auroit pas moins de gens riches dans l'Etat, puisque les richesses n'y seroient pas moindres assurément.

Réflexion sur les Possesseurs des rentes.

Nous ne finirons pas ce Chapitre, sans dire que je n'ai point parlé des Possesseurs des rentes dans le Chapitre de l'impôt, parcequ'ils sont les vrais Possesseurs des fonds sur lesquels les rentes sont hypothéquées, pour le montant de leurs contrats. Que Paul ait des terres pour cent mille livres, & que Pierre ait ſur lui un contrat de pareille valeur, il eſt clair que c'eſt Pierre, qui eſt le vrai Poſſeſſeur des terres de Paul, & que Paul n'a rien.

Ni les maiſons, ni les charges, ni les priviléges, ni aucune eſpéce de droits ne font point une nouvelle richeſſe dans un Etat.

Il eſt encore une autre eſpéce de fonds dont je n'ai point parlé : ce ſont les maiſons. Celles-ci n'augmentent pas plus que les rentes la maſſe des richeſſes de l'Etat. Elles ne l'augmentent abſolument point. On le voit évidemment, en conſidérant la choſe en elle-même, puiſque les maiſons ne produiſent rien de réel, qu'elles ne donnent l'être à aucune nouvelle matiere. Si elles produiſent des revenus aux Propriétaires, ce n'eſt que par un tranſport de richeſſes de celui qui eſt logé, à celui qui donne le logement. Les richeſſes du premier diminuent d'autant, que celles de l'autre augmentent. Il en eſt de même de toutes les charges, de toutes les eſpéces de droits & priviléges : ces choſes ne font le bien de ceux qui les poſſédent, qu'aux dépens d'autres Particuliers.

## CHAPITRE XI.

### *De l'Etat considéré dans sa plénitude de population.*

Il est évident qu'un Etat isolé est à sa plenitude de population, lorsqu'il a autant d'hommes que ses terres en peuvent nourrir.

Un Etat isolé est à sa plénitude de splendeur & de force, lorsque toutes ses terres sont cultivées de la maniere la plus avantageuse. Puisqu'on ne fait jamais croître de denrées, qu'à proportion du nombre des Consommateurs, parceque tout ce qu'on en pourroit faire croître au-delà, ne donneroit visiblement qu'un travail très-inutile, il est évident que, dès que tout est bien cultivé dans un Etat, il y a autant d'hommes que ces terres en peuvent nourrir, autant par conséquent, qu'il y en puisse jamais avoir.

La perfection de la culture des terres suppose la perfe-

Cette perfection de culture, comme nous l'avons vu, ne peut avoir lieu, qu'autant que le commerce intérieur sera aussi florissant & aussi étendu, que les circonstances physiques le permettent.

ction du commerce intérieur.

Dans tout Etat où les richesses des Particuliers ne sont pas limitées, il y aura des riches & des pauvres.

Si la propriété des terres y est établie, sans être limitée, ou sans l'être trop, il y aura des riches & des pauvres, & l'on jouira alors dans l'Etat de toutes les aisances & de tous les objets d'agrément que le sol pourra fournir. On y jouira encore de tous les fruits des Arts qui fleuriront proportionnellement à la fécondité des terres.

Pour qu'il y ait des riches, il faut qu'il y ait des pauvres, & le nombre de ces derniers sera d'autant plus fort, que les richesses seront concentrées dans moins de mains.

Que les terres aient beaucoup de fécondité, ou qu'elles n'en aient que peu : qu'il y ait beaucoup d'impôt, ou, s'il est possible, qu'il n'y en ait absolument d'aucune espéce, le nombre de gens sans biens sera toujours d'autant plus grand que les richesses seront ramassées en moins de mains, d'autant plus grand encore, que la population sera plus forte.

CHAP. XI.

Plus la population d'un Etat est forte, plus il y a de malheureux.

Le nombre des Nécessiteux, sera toujours proportionnel à celui des gens sans biens. En tout Etat de cause, un homme qui n'a pour lui que son métier, & qui est mauvais Ouvrier, souffrira beaucoup; & le nombre des mauvais Ouvriers doit être proportionné à la force totale de leur classe.

On voit par expérience qu'il y a des malheureux dans les pays où il n'y a point d'impôts, comme dans les autres.

Il y a des gens qui ont un tel préjugé contre les impôts, qu'ils les regardent comme la cause unique de toute infortune & de toute destruction. Ils se persuadent que tout le monde ne peut manquer d'être heureux & à l'aise dans un pays où il n'y en a pas. On voit cependant en Suisse, & dans le Comtat d'Avignon, autant de malheureux, à proportion du nombre des Habitans, qu'on pourroit en voir parmi nous, si nous avions vingt ans de paix.

Ces perſonnes ne veulent pas appercevoir que ce ſont les viciſſitudes & les déſaſtres que la guerre occaſionne, qui multiplient les malheureux parmi nous, plutôt que la grandeur des impôts.

Avantage & déſavantage des pays où il y a peu d'impôts.

Il ne faut pas croire que ce ſoit ſans raiſon, que l'on voit tant de Suiſſes ſe réfugier dans les Pays étrangers. S'ils y étoient heureux, ils ne ſortiroient pas de chez eux. Ils ne quitteroient pas une Patrie, qui doit certainement leur être chere.

Il eſt conſtant, qu'à fécondité égale, un homme qui a en Suiſſe cinq cens arpens de terre, eſt plus riche que celui qui en auroit une pareille quantité en France, en ſuppoſant ſa fécondité égale de part & d'autres. Mais auſſi le Suiſſe ne trouve pas dans les emplois, que le Gouvernement donne chez lui, autant de facilité pour ſoulager ſa famille, que le François

CHAP. XI.

en trouve dans sa Patrie. En Suisse, la classe des Possesseurs des fonds est proportionnellement plus opulente que chez nous ; mais on n'y voit pas une classe immense de Citoyens, vivans dans l'abondance par les bienfaits du Gouvernement.

Pour que tout le monde fût toujours à l'aise, il faudroit que la masse des richesses ne fût pas limitée.

La masse des richesses étant nécessairement limitée dans tous les Pays, il est évident qu'il ne peut y avoir qu'un certain nombre d'Habitans aisés, & que le plus grand nombre doit par-tout être sans biens.

Du plus riche au plus pauvre, du plus heureux au plus misérable, tout va par nuances dans un Etat.

Dans un Etat, où la loi ne bornera pas les richesses que peut posséder un Citoyen, tout ira par nuances, de l'homme le plus misérable, à l'homme le plus opulent. Dans la classe des Possesseurs des terres, il y en aura de très-riches : il y en aura qui, n'ayant que très-peu de fonds, n'en tireront que l'exacte nécessaire : il y en aura dont les fonds trop petits ne rendront pas assez, pour qu'ils puissent se passer d'exercer un métier, & de travailler pour autrui. Un grand nombre de Citoyens n'en aura point du tout: & parmi ces gens qui n'auront à eux que leurs bras, il doit s'en trouver de forts, d'industrieux, de foibles, de mal-adroits, de paresseux, de débauchés, & conséquemment d'heureux & de malheureux.

Si la population augmente toujours dans l'Etat, il se trouvera un temps où les hommes seront trop nombreux, eu égard au produit des terres.

Si dans cet Etat on ne met point d'obstacles à la population, il arrivera bientôt que les denrées, qu'on retirera de la totalité des terres, seront insuffisantes pour la totalité des hommes. Les denrées y seront donc rares, par proportion aux Consommateurs. Il y aura donc nécessairement une grande partie des Habitans qui seront obligés de retrancher de leur consommation ordinaire, & qui, conséquemment, seront dans la souffrance.

Lorsqu'un Etat sera parvenu à sa plénitude de force, sa population s'arrêtera d'elle-même.

Ainsi peu après que la population d'un Etat sera venue au pair avec ses moyens de subsistance, elle s'arrêtera d'elle-même; parceque ceux des classes les plus pauvres, ayant à peine assez de denrées pour leur consommation personnelle, ne pourront point entretenir de familles. S'il naissoit d'eux des enfans, ils ne pourroient pas être élevés. Cette classe s'éteindroit continuellement, & de nouveaux pauvres formés dans les classes qui les avoisinent, viendroient s'y éteindre à mesure que les classes plus riches augmenteroient en population.

L'expérience prouve que la terre ne rend pas à proportion des travaux des hommes qui la cultivent.

Si la terre rendoit à proportion des travaux de ceux qui la cultivent, comme certains* Auteurs l'ont avancé, ce que nous disons ici feroit entiérement faux. Mais l'expérience de tous les lieux & de tous les fiécles, fait voir que la fécondité de la terre ne dépend pas uniquement des travaux des hommes. La Chine en eft une preuve fans replique. Elle eft cultivée auffi parfaitement qu'elle puiffe l'être. Toutes fes loix tendent à rendre fon agriculture floriffante. L'Empereur y fait lui-même profeffion d'être Laboureur. Je ne crois pas que tous les travaux humains puiffent faire produire à ce Royaume un centieme de riz, ou d'autres grains de plus que ce qu'il en produit. Cependant la terre, malgré la fécondité naturelle qu'elle y a, ne fuffit pas à la nourriture de fes trop nombreux Habitans. Il eft étonnant que de tous les Auteurs, ce foit M. Rouffeau de Genève qui ait le plus fortement soutenu la proposition que je combats, lui qui avoit sous les yeux la preuve la plus convaincante du contraire. La Suisse, où il est né, est à-peu-près dans le cas de la Chine. Malgré ses loix & ses mœurs qui ont porté sa culture au plus haut point, les denrées qu'elle recueille, ne suffisent pas à la subsistance des hommes qu'elle renferme : personne ne peut l'ignorer.

Tout ce qui arriveroit dans un Etat isolé, qui seroit dans sa plénitude de force, arrivera de même dans tout autre Etat, dès que son agriculture n'augmentera plus, & que son commerce ne prendra pas de nouveaux accroissemens.

Le Gouvernement doit avoir la plus grande attention au commerce des

Il est très-nécessaire que le Gouvernement veille, dans tout Etat, au commerce des denrées. Mais dans un Etat isolé qui approche de de ſa plénitude de force, il lui eſt plus eſſentiel de le faire, que dans tout autre. Le ſort d'une quantité de ſes Citoyens étant néceſſairement très-dur, il ne peut ſe donner trop de ſoins, pour ne pas le laiſſer empirer. Si ce commerce eſt negligé, il ne pourra pas y avoir d'années mauvaiſes qui ne cauſent une famine; & la famine mettant le bas-peuple au déſeſpoir, l'Etat ſera en danger d'eſſuyer ſouvent des révolutions.



grains dans un Etat qui approche de ſa plénitude de population.

Tous ceux qui ont quelque connoiſſance de l'Hiſtoire de la Chine, ſçavent qu'il n'y a preſque point de mauvaiſes années, qui ne cauſent des révoltes. Le déſordre qu'elles entraînent, augmente de mille manieres le mal qui les a fait naître. Il s'y perd beaucoup de ces denrées qu'on ſe diſpute, & pour leſquelles on combat. Le Pays, après la révo-

Effet des mauvaiſes années dans la Chine.

lution, ſe trouve moins peuplé qu'il ne pourroit l'être. Ce qui reſte d'Habitans, après les maſſacres, repeuple à l'aiſe pendant quelque temps. Puis la population, devenant trop forte de nouveau, il retombe dans les premiers malheurs qui les avoient détruits, & l'Etat eſt ainſi dans une continuelle fermentation.

Pour remédier à la cherté des grains, il faudroit chercher le produit moyen de la totalité des terres, & régler le commerce là-deſſus.

Mais ſi le Gouvernement, par un commerce bien conduit, & en ſe réglant ſur la fécondité de l'année moyenne, égaliſe les denrées dans tous les temps, il n'aura pas à craindre pour ſa tranquillité.

Quantité de Peuples ont prévu les maux qu'entraîne l'excès de population, & ont cherché les moyens de la prévenir.

Il eſt aſſez étrange de voir les précautions que prirent divers Peuples de l'antiquité, pour arrêter leur population, & pour s'empêcher de devenir trop nombreux. Il eſt encore actuellement un Peuple qui a ſoin de prévenir l'excès de ſa population : ce ſont les Habitans de l'Iſle *Formoſe*.

Les loix que Platon donne à ce ſujet, me paroiſſent bien extraordinaires, ſur-tout lorſque je vois qu'il écrivoit dans un temps, où il étoit ſi aiſé à tous les Peuples de ſe décharger, par des Colonies, des Citoyens qu'ils pouvoient avoir de trop.

Moyens de prévenir l'excès de population.

Les voies les plus naturelles & les plus douces que l'on puiſſe prendre ſur cet objet, c'eſt d'inviter au célibat par des commodités, de favoriſer le mouvement des claſſes, & de changer beaucoup de richeſſes fonciéres, en viageres.

Il eſt des Pays, où plus d'un tiers des richeſſes fonciéres ſont deſtinées excluſivement pour les Célibataires, ſans compter les revenus attachés à quantité d'emplois amovibles ou à vie, & tout le produit de l'impôt qui ne forme aussi que des richesses viageres.

Inconvéniens d'ouvrir les Colléges aux gens de main-d'œuvre.

On peut dire que les Colléges ont été admirablement bien imaginés pour favoriser le mouvement des classes. C'est par leur moyen qu'il passe continuellement un nombre très-considérable de sujets, de la classe des Ouvriers, aux classes supérieures. Par-là, ces dernieres restent, sans relâche, *gorgées* & en souffrance, & la classe des Ouvriers est appauvrie. On ne peut nier que cette mutation de classes ne soit très dépeuplante. La totalité des richesses restant fixe, une famille pauvre ne peut pas devenir riche, sans qu'une famille riche ne devienne pauvre : & dans nos mœurs, une famille ne peut perdre ses biens, sans s'éteindre.

On ne voit aucun inconvénient à fer-

Je ne vois pas qu'il soit nécessaire d'inviter l'Ouvrier à changer

CHAP. XI.

mer les Collé-ges aux enfans des Ouvriers.

de condition. Si un pere manœuvre (ſous ce nom, il faut comprendre les Cultivateurs comme tout le reſte des Ouvriers), ſi, dis-je, un pere manœuvre veut faire embraſſer ſon métier à ſon fils, il lui eſt très-préjudiciable de l'envoyer dans un Collége. S'il veut le faire de condition plus élevée que la ſienne, eſt-ce à l'Etat à lui aider? eſt-ce à l'Etat à lui payer des Maîtres?

Qu'on exclue des Colléges les enfans des Ouvriers, les Colléges n'en ſeront pas moins remplis, parceque le nombre des Etudians dépend de celui des gens aiſés, & de la quantité des emplois eccléſiaſtiques ou civils, qui demandent qu'on ait fait des études. Tout ce qui réſultera de l'excluſion des ouvriers, c'eſt que les perſonnes des autres claſſes, trouvant plus de facilité à placer leur famille, craindront bien moins d'en avoir une nombreuse, & peupleront davantage.

Dans le principe, on eut raison d'ouvrir les Collèges à tout le monde.

Au commencement du regne de François I, le Royaume étoit dans une ignorance profonde. On ne pouvoit trop employer de moyens pour l'en tirer. On appella de toutes parts des hommes sçavans. On invita les naturels du Pays à l'étude. L'usage des armes à feu n'étoit pas encore assez perfectionné & étendu. Tous les Gentilshommes, étant obligés de s'occuper presque uniquement des exercices qui avoient rapport à la guerre, ne pouvoient pas s'adonner aux sciences. On les ouvrit aux Roturiers & au bas-Peuple. Il le falloit; mais les choses ont bien changé depuis. Peut-être devroit-on changer aussi de maxime.

De cent personnes qui embrassent l'état Ecclésiastique, séculier ou régulier, il y en a près de quatre-vingts qui ſortent de la claſſe des gens de main-d'œuvre. La ſous-claſſe des Payſans en fournit la moitié. Par-là, la claſſe des Eccléſiaſtiques eſt toujours *gorgée.* Il y a en tout temps beaucoup plus de Prêtres, que de Bénéfices. Le Gentilhomme mal-aiſé, ainſi que l'homme de condition médiocre, voyant la claſſe des Eccléſiaſtiques *gorgée* ne trouve plus dans les Bénéfices une reſſource pour placer & pour ſoutenir ſa famille. De-là vient qu'il craint de ſe marier, & que lorſqu'il l'eſt, il appréhende d'avoir trop d'enfans.

Les Colléges privent l'Etat des Cultivateurs & des Ouvriers qui lui feroient le plus utiles.

Il faut encore remarquer que les quarante Payſans qui quittent les terres, ſont indubitablement les fils des plus riches Cultivateurs de la Contrée, & qu'ils ſont ceux à qui l'on remarque le plus d'intelligence. Ainſi nous perdons par-là ceux de nos Colons qui ſeroient le plus en état de bien cultiver les terres, & de faire les avances des défrichemens ; ceux qui ſeroient le plus en état de ſupporter les accidens auxquels les Cultivateurs ſont ſujets ; ceux enfin qui travailleroient avec le plus d'induſtrie & de fruit. Il en eſt de même des autres claſſes d'Ouvriers. Ce ſont les plus riches qui cherchent à profiter de la facilité des Colléges, pour faire changer d'état à leurs enfans : & ce ſeroit ceux-ci qu'il ſeroit plus utile de retenir dans leur claſſe.

Ce qui arrive dans l'état Eccléſiaſtique, arrive de même dans tous les autres. On voit par-tout le bas-Peuple diſputer aux Gentilshommes les poſtes & les charges qui leur étoient originairement deſtinés, & les emporter ſur eux,

eux, ſans avoir plus de mérite. Delà, de nouvelles familles s'élevent continuellement, & les anciennes tombent & s'éteignent. Ces maux ſe font ſentir plus fortement dans les Provinces, que dans la capitale. Mais quittons des détails qui meneroient trop loin.

Ce n'eſt pas en gênant l'agriculture & le commerce, qu'il faut prévenir l'excès de population.

Quand il s'agit de décharger l'Etat d'une population exceſſive, on ſe tromperoit dans le choix des moyens, ſi, pour y parvenir, on vouloit gêner & conſéquemment diminuer l'agriculture & le commerce. Leur diminution eſt bien la choſe la plus dépeuplante ſans doute ; mais en l'employant, ce ſeroit détruire au lieu d'arrêter. On ne feroit que hâter & groſſir les effets de la miſére publique qu'on voudroit prévenir. Ce ſeroit mettre des bornes qui ſe reſſerrent continuellement d'elles-mêmes; & qui retréciſſent, au lieu de limiter.

CHAP. XI. Il semble que presque tous les Etats de l'Europe se plaisent à diminuer la population, autant qu'il est en eux.

Sans parler de nos mœurs, nous ne manquons pas d'institutions en Europe, qui tendent admirablement à diminuer la population. Il en est qui ont, par elles-mêmes, les suites les plus étendues. Il en est une multitude de petites, qui, agissant ensemble, donne les plus grands effets. Je ne m'attacherai pas à les détailler. On les découvrira aisément. Elles ont toutes leurs sources dans les principes que j'ai exposés dans cet Ouvrage.

FIN.

A
B

www.ingramcontent.com/pod-product-compliance
Ingram Content Group UK Ltd.
Pitfield, Milton Keynes, MK11 3LW, UK
UKHW020105200726
13856UKWH00002B/393

9 782013 503495